강은 이야기하며 흐른다

강은 이야기하며 흐른다

1판 1쇄 발행 2012. 5. 3
1판 2쇄 발행 2024. 10. 28.

지은이 한승원
사 진 권태균

발행인 박강휘
발행처 김영사
등록 1979년 5월 17일(제406-2003-036호)
주소 경기도 파주시 문발로 197(문발동) 우편번호 10881
전화 마케팅부 031)955-3100, 편집부 031)955-3200 | 팩스 031)955-3111

저작권자 ⓒ 한승원, 2012
이 책은 저작권법에 의해 보호를 받는 저작물이므로
저자와 출판사의 허락 없이 내용의 일부를 인용하거나 발췌하는 것을 금합니다.

값은 뒤표지에 있습니다.
ISBN 978-89-349-5801-7 03810

홈페이지 www.gimmyoung.com   블로그 blog.naver.com/gybook
인스타그램 instagram.com/gimmyoung   이메일 bestbook@gimmyoung.com

좋은 독자가 좋은 책을 만듭니다.
김영사는 독자 여러분의 의견에 항상 귀 기울이고 있습니다.

시간과 사람과 풍경이 수놓는
아름다운 우리 강 문화 에세이

강은 이야기하며 흐른다

한승원 지음

김영사

차례

강은 여신의 딴 이름이다 … 8

강 앞에 서면 사람과 역사도 하나하나의 풍경이 된다 … 11

강은 한 방울의 물에서 시작된다 … 16
-영산강의 시원을 찾아서

용추산 가마골에서 담양읍의 관방제까지 … 22

영산강의 또 하나의 시원 … 42
-용흥사 계곡에서 장성호까지

무등산 북쪽 골짜기의 지실천에서 영산강까지 … 44
-담양의 정자 문화

호남의 자존 혹은 지존 무등산을 안고 도는 영산강 … 59

화순 너릿재와 증심사 골짜기에서 극락강까지 … 73

장성호에서 황룡리까지 … 87

황룡강변에 가서 학문 자랑 말라 … 100

용은 짧고 호랑이는 길다 … 104

너브실에서 송대동의 두물머리까지 … 107

장성에서 흘러온 황룡강과 담양에서 흘러온 영산강의 만남 … 115

승촌보에서 나주까지 … 133

구진포에서 몽탄까지 … 152

몽탄에서 동강까지 … 180
 - '함평천지'의 고막원천변의 이야기

화순 쌍봉사에서 학산리까지 … 197
 -지석강 이야기

영암 구림의 상대포에서 무안의 명수바위까지 … 222

무안 몽탄에서 목포 앞바다까지 … 248

영산강과 몸을 섞는 목포 앞바다 … 273

작가의 말 … 298
참고 자료 … 304

강(江)

내 강에 성스럽고 풋풋한 여신이 살고 있다,

나와 언제 입 맞추고, 어느 때 춤추며 노래하고,

언제 수다를 떨고 어느 순간에 침묵할 것인지,

어느 결에 슬퍼하고, 어느 틈에 앙칼지게 울부짖을 것인지

아는 그 여신은 밤마다 우렁이각시 되어 내 침실로 찾아와

질펀한 사랑의 담금질로 나를 잠재워놓고 강으로 돌아간다,

그 맨살의 향 맑고 달콤한 맛에 환장한 나는

바람 되어 그 여신의 물살을 철벅철벅 밟아대고,

해오라기가 되어 여울목에서 은어사냥에 몰입하고,

먹구름 되어 천둥을 토하며 그 여신의

몽실몽실한 은빛 가슴에 비를 뿌리고,

산그늘 되어 그 여신의 심연에 나를 담그면,

타오른다, 우리 사랑, 술 익는 해질녘의 타는 노을처럼

강은
여신의 딴
이름이다

강은 태초로부터, 고즈넉한 밤, 달과 별과 은밀한 사랑을 나누며 굽이굽이 신화와 전설을 소리 없는 아우성으로 들려주거나, 유현한 모든 현악기들의 소리로 흥얼거리며 굼실거렸다.

마음씨 고운 한 처녀는 빨래를 하다가 상류에서 떠내려 온 오이를 주워 먹기 위해 치맛자락을 걷고 첨병 물살 속으로 뛰어들어, 그 달콤한 오이를 건져 먹고 잉태하여 열 달 뒤에 옥동자를 낳았다.

여느 때 시기 질투를 많이 한 다른 처녀는 빨래 하다가 목이 말라, 산에서 흘러내린 실개천 물을 마셨는데, 점차 배가 불러와 열 달 뒤에 구렁이 새끼들을 한 바가지나 낳았다.

또 다른 한, 하얗게 소복 차림을 한 여자는 시나위를 구음(口音)으로 가슴 아리게 토해 내는 흰 두루마기 차림의 박수와 더불어 강촌에서 굿을 하고 돌아가다가, 달이 너무 휘영청 밝아 강변의 갈대숲에 쓰러져 누워 달과 박수를 품었는데, 이듬해 여름의 어느 날 아이를 낳았고, 장차 그 아이는 희대의 명창이 되었다.

강은 여신(女神)의 딴 이름이다. 강 앞에 서면 사람들도 하나하나의 풍경이 되고, 역사도 강바닥을 디디고 선 갈대숲이나 수양버들이나 개개비나 두루미나 황새나 해오라기나 청둥오리처럼 한 자락 또 한 자락의 풍경이 된다.

강 앞에 서면
사람과 역사도
하나하나의 풍경이 된다

　　강은 순환하는 넋이다.
　　수많은 별들 가운데 오직 물을 가지고 있는 별은 지구뿐이다. 지구를 보듬고 도는 달(月)은 지구의 물과 더불어 밀고 당기는 곡진한 사랑을 하는데, 그 사랑이 바다의 밀물과 썰물로 표현된다.
　　바다는 증기를 뿜고, 증기는 구름이 되어 떠돌다가 대지와 산에 비를 뿌리고, 비는 지표면을 흐르거나 지하수가 되었다가, 샘으로 흘러나와 강으로 들어간다. 강은 어머니인 바다(母海)로 흘러든다.

　　내 몸속에는 물이 가득 들어 있다. 그 물은 바다의 물과, 강의 물과, 꽃과 나무와 새와 짐승들의 몸에 들어 있는 물과 같은 것이다. 달과 지구의 밀고 당기는 곡진한 사랑으로 인해 바다에 썰물이 질 때 내 몸에도 썰물이 지고, 바다에 밀물이 질 때 내 몸에도 밀물이 진다.
　　때문에 세상의 모든 꽃은 여신의 순환하는 넋을 가지고 있다. 세상의 모든 사람들은 역마살을 가지고 있어서, 시인의 열정으로 배낭을 짊어지거나, 자동차를 몰고 가슴 두근대며, 여신을 만나러 길을 나서

곤 한다.

　강의 목소리는 여신의 목소리이고, 여신의 목소리는 물의 목소리이다.

강의 목소리는 시의 현실 그 자체이다

　"물의 목소리는 은유적인 것이 아니고, 직접적인 시(詩)의 현실 그 자체이다. 시냇물과 강물은 말없는 풍경을 기묘하고 충실하게 소리로 변모시킨다. 물은 인간과 새들을 향해 졸졸졸 노래하고 말하고, 순리의 아름다움을 가르치고, 시인들은 물의 언어와 인간의 언어 사이에 연속성이 있음을 증명한다"고 가스통 바슐라르는 말한다.

　소설가들은 물의 언어에서 신화와 전설의 서사를 읽고 기록한다.
　요산요수, 어진 사람은 산을 좋아하고 달통한 사람은 물을 좋아 한다. 자기 자신과 열애에 빠진 수선화 같은 사람은 물에 비친 달과 별과 자기 얼굴을 비추어 본다. 늘 새로워지는 자기를 찾음으로써 거듭 난다. 물에 자기 얼굴을 비추어 보는 달과 별과 태양, 호수에 빠진 달을 건져 올리려다가 죽은 시인 이태백은 광적인 나르시스였을지도 모른다.

　어머니 바다를 향해 가는 내 인생의 강은 바야흐로 스펙트럼의 몽환적인 빛이 쌓이는 해구 앞에 이르러 있다. 내 인생을 탐색하듯이 나는 하나의 강을 인문학적으로 탐색하려 한다. 강을 탐색하는 것은 관음증(觀淫症)의 발로일지도 모른다. 강의 본류와 그 강의 무수한 지류들의 동성애 같은 알몸 섞기, 음험한 강의 영혼과 물의 요염한 몸짓과 음모와 배반과 깊은 속살까지를 탐색하는 것이므로.

강은 대지의 젖줄이다. 강이 대지에 문화와 문명을 만들었고 풍성하게 양생했다. 강이 흐르듯 시간도 흐르고 바람도 흐른다.
노자는 "곡신(谷神)은 그윽한 암컷〔玄牝〕이고, 그 그윽한 암컷의 문은 우주의 자궁"이라고 했는데, 그것은 '대지와 강과 바다'를 말한다. 그것은 모든 생명체들 속에 들어 있는 우주적인 자궁, 혹은 화엄과 만다라를 뜻하기도 한다.

강을 탐색하는 방법에는 두 가지가 있을 수 있다. 하나는 어머니 바다에 뿌리를 뻗고 있는 강의 하구에서 상류 쪽으로 거슬러 올라가면서, 그 강의 한 평생의 삶을 살피고 그 시원을 찾아가는 이지적인 방법일 터이고, 다른 하나는 무조건 그 강의 연원이라고 알려져 있는 시원으로 찾아 들어가, 거기에서부터 하류로 내려가면서 강의 삶을 탐색하는 감성적인 방법일 터이다.
하구에서 강의 연원을 향해 거슬러 올라가며 탐색하는 방법은 지극히 구도적인 방법일 터이다. 대부분의 사람들은 지도를 찾아보고, 강의 시원이라 알려진 지점으로 간 다음 하류로 내려가면서 탐색을 한다. 나도 그 순조로운 감성적인 방법으로 강을 탐색하고 싶다. 내 몸이 어머니의 배 속에 잉태되는 순간에서부터 지금의 내 삶이 있기까지의 지나온 내 인생 역정을 탐색하듯이 강을 탐색할 참이다.

운명이 손금(手相)에 나타나 있다고 믿는 사람들이 있다. 그들은 손금에 운명선이 있는데, 그 운명선을 마음먹은 대로 흘러가도록 파 옮기는 성형수술을 하면 운명이 바뀔 수 있다고 믿는다. 강은 그 땅의 손금 같은 운명 줄이다.

전라남도의 2만 5,000분의 1 지도를 한 데 붙여 놓고 보면, 영산강은 벌거벗은 채 겨울을 나고 있는 거대한 한 그루의 늙은 느티나무 같다. 목포 앞바다에 뿌리를 둔 노거수의 줄기들은 나주 땅, 함평 땅, 영암 땅의 사이사이를 지나 광산의 송정리에 이르고, 그것은 다시 광주 땅과 장성 땅으로 뻗어가고 결국 담양 땅의 시원에 이른다. 영산강의 수많은 샛강(川)의 줄기들이 손바닥의 크고 작은 손금들처럼 뻗어 있다.

종교기하학자들은 사람과 식물의 생김새와 생태가 정반대라고 말한다. 사람은 식물의 뿌리 같은 머리털로써 하늘의 영(靈)과 기(氣)를 빨아들이고, 식물은 땅 속에 뻗은, 사람의 머리털 같은 뿌리를 통해 물과 무기물을 빨아들인다는 점에서.

사람이 머리카락을 통해 영과 기를 빨아들이듯이, 강은 모든 실핏줄 같은 샛강들을 통해 물과 영과 기를 빨아들임으로써 생명을 유지한다. 모든 샛강들은 크고 작은 산들과 들판에 잔뿌리를 밀어 넣어 모세관 현상으로 물을 빨아들인 다음 팽압(膨壓) 현상으로 영산강으로 밀어낸다.

강은
한 방울의 물에서
시작된다

영산강의 시원을 찾아서

영산강은 담양의 북편에 자리한 한 산기슭에서 시작된다고, 지도는 말해 준다.

차를 타고 담양으로 가면서 대나무와 시(詩)를 생각한다. 담양에는 대나무들이 지천으로 많다. 한국의 옛 시가 문학이 대나무 지천으로 널려 있는 담양 땅에서부터 시작되었다는 것은 묘한 의미를 지닌다.

대나무는 다사로움을 좋아하는 신화적인 나무이다. 단군이 신단수 아래서 도읍을 열었다는데, 그 신단수가 사실은 대나무였는지도 모른다. 무당들은 대나무를 신(神) 내림의 나무로 사용하지 않는가.

담양에 살고 있는 고재종 시인과 함께 영산강의 시원이라고 알려진 용추봉 아래의 계곡인 가마골로 간다. 내가 영산강의 시원에 대한 안내를 그에게 부탁한 것은 까닭이 있다. 체구가 금강석처럼 강단진 고재종 시인은 담양에서 나고 자랐고 담양을 지키고 살고 있는 세계적인 시인이다.

담양 지역의 보통 사람들의 애잔하면서도 꿋꿋한 삶의 모습과, 슬프

••• 울창한 숲을 이루고 있는 담양의 대나무들. 숲 사이로 한 줄기 햇살이 비춰 내려오고 있다.

게 변모하는 시간의 슬픈 풍광과, 그 속에서도 변하지 않는 참모습을 시로 형상화시키는 입지전적인 인물이다. 그가 있어 담양 땅은 더 그윽하게 보이고, 강철심이나 고래 심줄 같은 힘이 있어 보인다. 그는 담양 한복판에 서 있는 하나의 그윽한 풍경이다.

 산골짜기에 있는 분통리를 지나가며 고재종의 시 〈분통리의 여름〉을 생각한다.

  닷새 만에 헛간에서 발견된
  월평 할매의 썩은 주검에서
  수백 수천의 파리 떼가 우수수

살촉처럼 날아오르는 처참에 울고
빈대 뛰는 온 방안 뒤지고 뒤져
찾아낸 전화번호 속의 일곱 자녀들
기름 때 묻은 머리로 하나둘 달려와
뒤늦게 뉘우치며 목 놓는 아픔에 울고
급기야 상여를 멜 남정네들 모자라

경운기로 울퉁불퉁 낸 북망길 떠난 할매
삭기로 파놓은 구렁에 묻히는
그 험한 종말에 또 울지만
어디 그뿐이랴 이 사양의 마을

그 어디건 헐린 담장, 텅 빈 마당에
개망초 눈물꽃은 흐드러지고
뻐꾹새 피울음 종일 쏟아지고

이제 불과 예닐곱 집 연기 나는 곳
퀭한 눈만 남은 또 다른 월평네들의
간단없는 해소기침만 너무 질겨서
사방 산천 진초록도 목숨껏 노엽고

그의 시들은 냉엄하면서도 다사롭고 슬프고 아름다워서 읽는 가슴을 서늘하게 한다. 한여름의 산골의 쨍한 햇살과 그늘을 호흡하고 사는 개망초 눈물꽃과 뻐꾹새의 울음처럼.

　영산강의 시원이라고 알려진 용소에 이르렀다. 노자의 곡신을 연상시켜주는 가마골 한 가운데에 용소가 있다. 용추산의 여러 깊은 계곡에서 흘러내리는 물이 용소로 모여든다.
　용소의 물빛은 어찌 보면 쪽색이고 다시 어찌 보면 초록색이다. 비가 온 뒤끝이라 물이 많다. 상류에서 폭포가 쏟아지고 있다. 이단폭포인데, 물 쏟아져 나오는 구멍이 옥문(玉門) 같다. 옥문은 여자의 음부의 다른 말이다.
　태초부터 떨어진 폭포수가 용소를 깊이 판 것이다. 이 나라 방방곡곡에 흩어져 있는 모든 용소가 그렇듯이, 이 용소 속에 살던 이무기가 어느 날 용이 되어 승천했다는 전설이 있다. 용소 때문인지 모르지만 이 근처의 지명들에는 '용(龍)' 자가 많이 들어가 있다. 용추산, 용추봉, 용추사, 용면.

　용소를 안고 있는 언덕에는 '영산강의 시원 용소' 라는 표지석이 앉아 있다.
　나는, 용소로 쏟아지고 있는 많은 양의 물로 보아, 영산강의 시원은 용소가 아니라고 생각했고, 용소 위쪽의 골짜기로 올라가 보았다.
　담양군에서는 용소 위쪽의 골짜기 일대를 유원지로 개발하고 있다. 골짜기의 상류에서 줄기차게 물이 흘러내리고 있다. 그 시냇물을 거슬

영산강의 서원이라고 알려진 용소. 용소의 위쪽으로 올라가면 실개천이 나타나고 작은 샘에 이를 것이다. 영산강은 한 방울의 물에서부터 시작된 것이다.

러 올라가고 또 올라간다면 여러 개의 실개천들이 나타날 것이고, 그 실개천들을 따라 더 위쪽으로 올라간다면 결국 한 방울 한 방울의 물이 솟고 있는 작은 샘에 이를 것이다.

  영산강은 한 방울의 물에서부터 시작된 것이다.

용추산 가마골에서
담양읍의
관방제까지

　가마골에는 용소에 뿌리를 깊이 묻고 있는 바위에 낀 푸른 이끼 같은 역사가 서려 있다.
　가마골이라 불리는 골짜기 일대는 1950년 이전까지 원시림으로 가득 차 있었는데, 6.25 전쟁을 거치면서 많은 큰 나무들이 벌목되었다. 1950년 늦은 여름(9.28) 유엔군의 인천 상륙과 국군의 반격에 밀리기 시작한 담양 화순 광주 일대의 인민군과 그들을 따르던 부역 세력이, 북으로 가지 못한 채 이 골짜기로 들어가 은거하면서 빨치산이 되었다. 경찰과 토벌군과 빨치산의 밀고 당기는 피비린내 나는 싸움이 일어났다. 인민군들은 노령지구 사령부를 세우고 5년 동안 파르티잔 투쟁을 계속하다가 진압되었다.

　용소 위에는 출렁다리를 가설해 놓았다. 그 구름다리 저쪽으로 하늘이 시퍼렇다. 흰 구름이 흘러간다.
　이 골짜기는 사철 풍경이 다 좋다. 여름에는 신록과 청량한 바람과 시냇물이 더위 먹은 심신을 식혀 주고, 가을에는 단풍이 선경처럼 황

가마골이라 불리는 이 골짜기 일대는 1950년 이전까지 원시림으로 가득 차 있었는데,
6.25 전쟁을 거치면서 많은 큰 나무들이 벌목되었다.
과거에 경찰과 토벌군과 빨치산의 밀고 당기는 피비린내 나는 싸움이 일어났다.

홀하고, 겨울에는 신화 같은 눈 세상이 사람들을 숙연해지게 하고, 봄에는 기화요초가 사람의 가슴을 두근거리게 한다.

용추사로 향한다. 구절양장(九折羊腸)처럼 오불꼬불한 길 끝에 놓여 있는 작은 절인데, 대한불교 조계종 백양사의 말사이다.

523년(백제 성왕 1) 혜총과 혜증이 함께 창건하였다. 신라의 원광이 중창한 이후 조선 중기까지의 연혁은 전하지 않는다. 임진왜란 때는 태능이 승병을 모아 왜군과 싸웠다. 그들은 금성산성에서 활약하던 김덕령 장군과 합세했으므로, 왜군이 절에 불을 질러 모두 태웠다. 1630년에 중창한 이 절은 최익현이 이끈 의병들이 운집한 호국 사찰이었다. 6.25 전쟁 때 다시 불에 탄 것을 1961년 본래의 절터 위쪽에 복원했다.

천불전과 요사 한 채가 외로운데, 스님은 부재중이다. 두 건물 사이에 패인 연못 한가운데에 피어 있는 자색의 수련 꽃 두 송이가 손님을 향해 웃으며 설법한다. 7개의 부도에 끼어 있는 거무스레한 이끼가 사람들의 허허로운 시간을 말해 준다.

용추사 동남쪽 등성이에는 조선 중기 이전의 것으로 추정되는 기와 굽는 가마터가 있다. 용추사를 중건할 때에 사용된 기와를 굽던 가마터로 보인다. 용소를 중심으로 한 골짜기를 가마골이라고 한 것도 바로 이 가마 때문인지도 모른다고 고재종 시인은 말한다.

나는 용추산 밑의 울창한 숲 속에 있는 깊은 가마골을 빠져 나오면서 생각한다. '가마'란 말은 어원상으로 볼 때, '감'이란 말에서 오지 않았을까. '감'은 '검', '곰'과 같다. 이 말들은 신 혹은 신령스러운 것을 말한다. 그렇다면 가마골은 '감골'인 것이고, 용이 승천한 신령스러운 골짜기라는 뜻이다.

  가뭄이 들면 무당들이 용소 앞에서 기우제를 지내곤 했다. 천지신명을 받드는 그들은 거기에 촛불을 밝히고 기도를 한단다. 옛날, 신라 화랑들도 명산을 찾아다니며 천지신명에게 제사를 지내고 심신을 단련했다. 이후 불교가 들어오고, 원광법사가 화랑 오계를 가르쳐 주었다.
  김유신 장군도 화랑 출신이다. 김유신이 경주의 남산에 올라 다니면서 수련을 하던 젊은 시절에 만난 젊은 미녀 이름이 천관녀(天官女)라고 전하는데, 그녀는 당시의 천지신명에게 제사를 지낸 사제였다. '天官(천관)'이란 말을 이두로 읽으면 '하늘 보살'이다. 하늘을 받드는 보살, 즉 천신에 제사 지내는 무당이다. 오늘날 천신지신을 받드는 무당은 화랑의 후예들이다.

  북쪽에는 정읍으로 가는 하늘재가 있다. 나는 하늘재를 '크고 높은 재'로 읽는다.
  멀리 보이는 추월산은 스님이 누워 있는 모양새 혹은 와불(臥佛)의 형상을 하고 있다. 그 산은 담양을 보호하는 형상이라 알려져 있다. 일제는 추월산의 맥과 혈 자리를 찾아 쇠말뚝을 박아 두었단다. 담양에서 큰 인물이 나오지 못하게 하려는 것이었다고 고 시인은 말한다.

추월산 중턱에는 보리암이 있다. 사다리를 이용해야만 올라갈 수 있는 절벽의 끝에 위치한다. '보리'는 '불', '부처', '붓다'와 동의어이다. 세상의 모든 것들은 다 불성을 가지고 있다. 불교는, 깨달으면 누구든지 부처가 될 수 있다고 가르친다.

보리암에 전해 오는 전설 하나가 있다. 고려 신종 때 국사 지눌이 지리산 상무주암에 있을 당시, 나무로 매를 만들어 날려 보냈는데, 그 매가 내려앉아 불좌복전(佛座福田)임을 점지하여 주었으므로 여기에 절을 창건했다.

또 다른 전설은, 보조국사가 새 세 마리를 날렸는데, 한 마리는 날아가 백양사 자리에 앉고, 다른 한 마리는 송광사 터에 앉았고, 또 다른 한 마리는 보리암 터에 앉았다. 백양사 송광사는 절터로서 알맞아 큰 절을 지었지만, 보리암 터는 암자 터로 알맞아 암자로 지었다고 한다.

바위 꼭대기에 가까운 암자임에도 많은 샘물이 솟아나고 있는데, 이 샘은 부정을 타면 솟지 않는단다. 한 번은 파계승이 샘가에서 닭을 잡아먹었는데 그 순간부터 석 달 동안이나 물이 나오지 않아 아래 동네에서 물을 길어다가 먹었다 한다.

추월산 터널이 거대한 콧구멍처럼 뚫려 있다. 터널도 소통하는 구멍이고 콧구멍도 바깥세상과 안쪽 세상이 소통하는 구멍이다. 그 터널을 빠져 나오자 '전망 좋은 곳'이란 푯말이 서 있는 언덕이 있고, 그 아래로 담양호의 짙푸른 물너울이 질펀하다. 터널이 뚫리기 전에는 재를 넘어 다녔다. 이 재를 '비호재'라고도 하고 '벼슬재'라고도 한다. 서울로 과거를 보러 가는 선비들, 보부상들이 넘어 다닌 재이다. 과거 보러 가는 사람은 이 고개를 넘어 가면서 호랑이가 나는 것(飛虎)을 보아야 과거에 합격한다는 전설이 있다.

　금성산성으로 간다. 금성산록의 연동사까지 달려 주차장에 차를 세우고 산성으로 오른다. 예쁘게 조성해 놓은 산성이지만, 치열한 전투의 잔상과 피비린내의 시간이 떠다닌다.
　담양군과 전라북도 순창군과의 경계에 있는 금성산 철마봉의 약 500m 지점에 위치하고 있는 금성산성은 전라남도 기념물 제52호로 지정되었다.
　고려시대에 처음 축조하였으며 1410년에 개축하였다고 《세종실록지리지》에 기록되어 있다. 임진왜란 때 파괴된 성곽을 1653년에 개수하고 내성을 구축하였으며 내성 안에 대장청을 건립하고 그 뒤에 성첩을 중수하여 견고한 병영 기지의 규모를 갖추었다. 외성은 6,486m, 내성은 859m에 이르며 돌로 쌓았다.
　동서남북에 각각 4개의 성문터가 있는데, 통로 밖으로는 사방이 30여 m가 넘는 절벽으로 둘러싸여 통행할 수 없게 되어 있다. 금성산의 주봉인 철마봉을 비롯하여 일대의 산지는 경사가 매우 가파르다. 또 주변에 높은 산이 없어 성안을 들여다볼 수 없게 되어 있으며, 가운데는 분지여서 요새로는 완벽한 지리적 요건을 갖추고 있다. 임진왜란 때는 의병의 거점이 되었고, 1894년 동학농민운동 때는 동학군이 점령한 채 관군들과 치열한 싸움을 벌였는데, 결국 성안의 모든 시설이 불

금성산성은 예쁘게 조성해 놓은 산성이지만,
치열한 전투의 잔상과 피비린내의 시간이 떠다닌다.
임진왜란 때는 의병의 거점이 되었고,
1894년 동학농민운동 때는 동학군이 점령한 채 관군들과 치열한 싸움을 벌였다.

에 탔다. 내성 앞에는 별장을 지낸 가선대부(嘉善大夫) 국문영의 비가 있다.

문루(門樓)는 두 군데 남아 있다. 정면 3칸, 측면 1칸 규모의 우진각 은 지붕을 얹은 누각으로 되어 있다. 내남문은 정면 3칸, 측면 2칸 규 모의 팔작지붕을 얹은 중층 누각이다. 정상에 오르면 담양읍과 금성산 성으로 오르는 평야지를 한눈에 내려다볼 수 있다. 앞에는 무등산과 추월산이 보이고 아래로는 담양호가 펼쳐져 있다.

1994년부터 성곽 복원 사업을 착수하여 외남문·내남문·서문·동 문을 복원하였고 외남문은 보국문, 내남문은 충용문이라 명명하였다.

담양호 제방으로 간다. 담양호는 전라남도 담양군 용면과 금성면에 있는, 영산강 본류를 가로지르는 거대한 호수이다. 영산강 유역 종합 개발 사업으로 1973년부터 1976년 9월 사이에, 높이 46m, 길이 306m, 부피 168만㎥의 댐이 건설됨으로써 등장한 영산강 최상류의 저 수지이다.

유역 면적은 47.2㎢의 자체 유역과 인접 섬진강에서 유역 변경 방식 으로 수량 보충을 위하여 설치한 취수보 지점의 18.4㎢의 간접 유역을 합하여 65.6㎢이다. 만수 면적 4.1㎢, 총 저수용량 6,670만㎥로 풍수년 과 갈수년의 유량을 연간 조절하여 6,245ha의 농경지에 충분한 관개용 수를 공급하며, 연간 1만여 t의 미곡 증산과 댐 하류 담양읍 일원에 일 당 3,000㎥의 상수도 용수 공급에 기여한다.

밤골 앞을 지나면서 고 시인은 밤골에서 전우치가 태어났다고 말한다. 전우치는 신화적인 인물이다. 그는 조선 중기의 기인이고 환술가(幻術家)로 알려져 있다. 서울에서 태어났다는 설도 있고 강릉에서 태어났다는 설도 있다. 그는 밥을 뿜어 나비를 만들어 날리고, 하늘에서 천도복숭아를 따오는 등의 여러 가지 기행을 하였다고 책에 전한다. 옥에 갇혀 죽자 그를 땅에 묻었는데, 나중에 이장하려고 파 보니 시체가 없어졌다. 조선조 사회를 풍자하는 인물로 그려지기도 했다. 백성을 괴롭히는 임금과 권세 있는 벼슬아치를 도술로 혼내 주고, 가난하고 박해받는 자들을 돕는 '홍길동' 같은 멋진 영웅의 이야기인 〈전우치전〉은 영화로도 만들어진 바 있다.

풍광이 아름답기로 소문난 담양읍의 메타세콰이어 길로 들어선다. '메타(meta)'는 '이후'라는 말이고, 세콰이어는 인디언 추장(sequiah)을 기념하기 위해 지은 이름이다. 이 나무는 살아 있는 화석이다. 그 화석은 포항에서 발견되었다. 헤아릴 수 없는 생명력을 가지고 있는 이 나무는 한도 끝도 없이 자란다. 중국이 원산지인데 중국 발음으로는 '쉬산(水杉)'이다. 우리나라에서는 '수삼나무'이다. 진통 작용, 고혈압, 풍습성 관절염, 가려움증, 피부 종기를 낫게 하는 한약제이다.

미국에는, 나무 한 가운데에 구멍을 뚫어 자동차를 다니게 하기도 할 정도로 큰 나무도 있는데 그것은 이 나무들과 약간 다른 '세콰이어'이다. 1970년대 초에 신작로 가장자리에 줄지어 심은 이 나무들은 울창하게 자라, 전국적으로 풍광 아름다운 길로 소문이 났고, 이 길을 걸어

보고 싶어 하는 사람들이 사철 내내 줄을 지어 밀려든다.
 이 길은 담양 읍내를 관통해 흐르는 영산강변(담양호 쪽에서 흘러온 담양천)의 관방제 숲길과 나란히, 열병식을 하는 군대처럼 남으로 뻗어 간다.

 메타세콰이어의 길 옆에 정체불명의 오층석탑과 2.5m 높이의 당간지주가 서 있다.
 오층석탑은 부여의 정림사지 오층탑과 비슷한데 상륜부가 멸실되었다. 그 당간지주의 크기와 20m쯤 떨어진 곳에 서 있는 오층탑으로 미루어 보아, 이곳에는 거대한 절이 있었던 것으로 추정이 되지만, 실제로 발굴을 해 보니 아무것도 없었다고 한다. 석탑 가장자리의 풀밭에는 연분홍의 메꽃 스무 남은 송이가 피어 우리 일행을 반긴다.

 옛날의 객사가 있던 자리에는 지금 담양동초등학교가 서 있다. 그 앞에 서서 사방을 둘러본다. 담양의 모든 마을 옆에는 반드시 대밭이 있고, 대밭 옆에는 반드시 마을이 있다.
 담양의 거리거리에 대밭이 조성되어 있다. 담양에는 왜 대나무가 많을까.
 한반도 안에서 대나무다운 대나무는 담양에 다 있다. 유사 이래 인간과 이웃하며 살아온 대나무에는 슬프면서도 그윽한 신화와 전설이 어려 있다.

…… 옛날 옛적 한 남자가 가난한 선비 집의 처녀에게 장가를 들었는데, 첫날밤 술이 잔뜩 취하여 신부의 장삼과 족두리를 벗겨 주지도 않은 채 설핏 잠이 들었다가 눈을 뜨니 서창에 달빛이 환했다. 그 서창을 보는 순간 신랑은 혼겁을 했다. 서창에 누군가를 겨눈 날카로운 칼의 그림자가 드리워져 있었다. 신랑은 '신부에게 정부가 있었구나! 그 정부가 지금 나를 죽이려고 한다' 하고 생각하며, 족두리를 쓴 채 앉아 있는 신부를 그대로 둔 채 도망을 치려고 옷을 입었다. 신부가 어디를 가느냐고 바짓가랑이를 붙잡았지만 신랑은 뿌리치고 줄행랑을 쳤다. 도망친 남자는 다른 여자에게 새로이 장가를 들어 아들딸 낳고 살았다. 그로부터 50년이 지나 무슨 일이 있어 옛날 첫 장가들었던 집 옆을 지나게 되었다. 때마침 달이 훤히 밝았다. 그 집이 옛날 그대로 있어, 들어가 보았다. 그런데 이게 웬일인가. 첫 결혼 상대였던 그 신부가 방에, 활옷 입고 족두리를 쓴 채 앉아 있었다. 아직도 자기를 기다리고 있는 것이다 싶어 다가가 옆구리를 질벅여 보니 신부가 폭삭 내려앉으면서 흙가루로 부서져 버렸다. 놀라 서창을 보았다. 그때처럼 서창에는 달빛이 비치고 있었다. 그 서창을 본 남자는 다시 한 번 놀랐다. 첫날밤에 보았던, 자기를 죽이려 하는 그 정부의 칼 그림자가 거기 비친 것이었다. 정신을 차리고 보니 그것은 창밖에 서 있는 대나무 잎사귀의 그림자였다.

대나무를 한자로는 竹(죽)이라고 한다. 남방의 대나무가 북방으로 옮겨질 때 명칭도 중국 남방음이 따라 들어왔다. '竹(죽)'의 남방 말이 '댁'인데 끝소리 'ㄱ'음이 묵음화로 인해 한국에서는 '대'가 된 것이고, 일본에서는 'ㄱ' 음이 그대로 살아 있어 '다께' 가 되었다. 그리하여 일본에서는 독도를 죽도(竹島)라고 하고 '다께시마' 라고 읽는다.

대나무는 불가사의한 신화적인 식물이다.

'우후죽순' 이란 말은 아주 많은 것들이 눈 깜짝할 사이에 솟아올라 옴을 뜻한다. 대나무의 한 시간 동안 생장 길이는 소나무의 30년 생장 길이에 해당한다. 소나무는 줄기 끝에만 생장점이 있는데 비해 대나무는 마디마디에 생장점이 있다. 대나무의 키를 빨리 크게 하는 성분을 의약품으로 개발하면 난쟁이의 치료에 일대 혁명을 일으키지 않을까.

대나무는 소나무와 함께 묶이어 송죽이라 불리고, 사군자와 십장생의 하나로서 칭송받는다. 겨울에도 줄기와 잎이 청청 푸른 대의 곧은 모양새와 비어 있는 속은, 청렴한 절개와 강직함으로 상징되어 온다. 마음을 비우고 하늘과 땅의 도리를 행해야 할 군자가 본받아야 하는 품성을 지녔다고 해서, 사군자의 하나가 되었다. 그래서 '대쪽 같다' 라는 말이 생겼다.

우리나라 선비들은 옛날부터 대나무를 정원 한 쪽에 심어 그것의 성품을 본받으며 살아왔다. 이 땅의 명가라고 소문난 집들의 정원에는 다 대나무가 있다. 그것을 심되, 서쪽으로 기운 달빛의 그림자가 대나무 그림자를 수묵화처럼 드리우도록 했다. 자다가 문득 깨어 서창의 수묵화를 완상하는 정취는 얼마나 아름답고 그윽하고 여유로운가.

대나무 가지와 잎은 바람을 따라 허공을 쓸면서 쉿된 소리를 낸다. 바람이 없을 때는 무거운 침묵과 사색과 명상의 고요한 소리를 낸다. 대숲에서는 새와 풀벌레들이 깃들고 노래한다.

선인들은 통대에 구멍을 뚫어 대금, 소금, 피리 따위를 만들었다. 대나무에 뚫린 구멍이 슬프고 아픈 한스러운 소리를 낸다.

대나무는 민중들의 봉기에서 창으로 쓰이고 화살대로 쓰였다. 백성 민(民) 자는 '창으로 사람의 눈을 찌르는 모양새'를 본뜬 것이다. 위정자가 민중들을 미련스럽게 만들기 위해 눈을 멀게 한다는 것인지도 모른다. 문인화가인 한 친구가 대나무에 대하여 이렇게 말했다.

"나는 대나무를 그리기 전에, 대나무가 나의 속에 들어와 벗처럼 애인처럼 자리매김할 때까지 오랜 동안 지켜보며, 마음을 비우고 기다린다."

산죽이 개화 후 맺은 열매를 죽실(竹實)이라 한다. 그 열매는 봉황이 먹는다는 기록이 있다. 그 죽실에는 사람의 영혼을 봉황처럼 고결하게 만드는 미네랄이 들어 있다. 그 미네랄 때문에, 담양에는 예로부터 시의 풍경이 무성하면서도 그윽한 것인지도 모른다.

내가 지금 밟아 가고 있는 이 길에는 슬픈 역사가 흐르고 있다.

담양에서도 동학은 성했다. 1894년 3월 전라도 각 군과 현의 농민들이 학정에 동요하기 시작했을 때, 담양에서는 남주송, 김종화, 이경섭, 황정욱, 윤용주, 김희안이, 창평에서는 백학과 유형로가 동학농민군 부대를 이끌고 전라북도 백산으로 모여들었고, 전주성으로 밀고 들어갔다. 그들은 손에 담양산 죽창을 들었을 것이다. 그런데, 그해 겨울 서울로 진격하다가 일본군의 기총소사로 인해 패전한 동학군은 남으로 밀려갔다. 동학군 지도자인 전봉준은 이웃 고을 순창군의 쌍치면 피로리에서 체포되어 잠시 담양 관아로 끌려왔다가, 오래 머무르지 않고 곧바로 영산강변을 따라 나주로 이송되었다. 전봉준을 압송하는 가마는 내가 지금 걷고 있는 이 길을 따라 달려갔을 터이다.

　담양호에서 흘러나온 영산강물은 담양의 관방제를 따라 흐른다. 메타세콰이어 길과 나란하게 뻗은 관방둑길로 들어선다. 관방둑길도 풍광 아름답고 그윽하기로 소문난 길이다. 관방제는 관에서 쌓은 둑이라 해서 이름 지어진 것이다. 둑에는 노거수림이 무성하게 서 있다. 느티나무, 푸조나무, 팽나무, 은단풍나무 따위의 나무들이 200그루 가까이 된다. 거기에 1980년대에 벚꽃나무 200그루를 더 심었으므로 숲이 빽빽하다.
　영산강 최상류인 담양천을 다스리고자 1648년(인조 28) 담양부사 성이성이 제방을 축조하고, 그 이후에 황종림 부사가 중축하고 숲을 조성했다. 봄에는 벚꽃이 아름답고 여름에는 매미 울음소리가 유장하고 가을이면 단풍이 곱다.
　영산강(담양천) 둑길은 담양의 습지 보호 지역까지 이어진다. 담양호에 대부분의 물이 갇히게 되면서 강은 자연스럽게 습지로 변했다. 담양 하천 습지는 경사도가 5퍼센트 미만으로 물의 흐름이 완만하다. 제방 가까이에 형성된 둔치는 농경지로 이용되고, 그렇지 못한 부분에는 갯버들 갈대 따위의 숲이 만들어졌다. 더 아래쪽에는 대나무 숲이 울창하다. 여기에는 멸종 위기종인 매, 천연기념물인 황조롱이, 보호 야생종인 삵, 다묵장어, 맹꽁이 등이 서식한다.

　배가 출출해졌을 때 고재종 시인이 식당으로 안내했다. 애초에 고 시

담양천의 모습.
담양천 둑길은 담양의 습지 보호 지역까지 이어진다.
담양호에 대부분의 물이 갇히게 되면서 강은 자연스럽게 습지로 변했다.

인은 '대통밥'과 '떡갈비' 가운데 무엇을 먹겠느냐고 물었었다. 나는 대나무 술에 떡갈비 백반을 먹겠다고 했다.

우리는 소설가 문순태 씨를 불러냈다. 늘 청년인 듯싶은 문순태는 담양군 남면의 작은 마을 생오지에 작가실을 마련하고 아내와 함께 노년을 보내면서 글을 쓰고 있다. 집들이할 때 가 보았는데 생오지는 음기가 강한 곳이었다. 노자의 곡신을 연상하게 하는 그 터는 그가 작품을 생산할 시공으로 안성맞춤일 듯싶었다.

문순태는 가끔 작가실 주변을 새 문화의 산실로 개방하고, 젊은 제자들과 마을 사람들과 어울려 새 문화의 어울 마당판을 벌이곤 한다.

요즘 대하 장편소설 〈타오르는 강〉의 후속편을 쓰고 있고, 곧 출판을 하리라고 한다. 〈철쭉제〉, 〈징소리〉 등의 명작 소설을 쓴 그는 담양을 지키는 하나의 노거수 같은 풍경이다.

한국 시문학사에서는 보기 드물게 아름답고 그윽한 이야기 시(담시)를 쓰고 있는 최두석도 담양 출신이다.

담양 떡갈비. 이 식당에서는 담양산 쇠고기만을 사용한단다. 쇠고기를 좋아하지 않는 나이지만 달게 먹었다. 칼로 잘 다졌으므로 입에 살살 녹는다.

담양에는 향교가 둘 있다. 하나는 담양 향교이고, 다른 하나는 창평 향교이다. 옛날의 담양군과 창평현이 하나로 합쳐졌기 때문이다.

담양 향교는 고려 충혜왕 때 설립되었다는 설도 있으나, 본격적인 건물 창건은 1398년(태조 7) 대성전이 설립되면서부터이다. 이후 1674년

(숙종 즉위년)에 부사 이헌유가 중건하고, 1747년(영조 23)에 부사 안정헌이 중수하였다. 현존하는 건물로는 3칸의 대성전, 3칸의 동무와 서무, 7칸의 명륜당, 내신문(內神門) 등이 있다. 대성전에는 5성, 송조 2현 및 우리나라 18현의 위패가 봉안되어 있다.

   창평 향교는 고서면 교산리에 있다. 조선시대에 현유(賢儒)의 위패를 봉안, 배향하고 지방민의 교육과 교화를 위하여 창건되었다. 설립 연대는 미상이며, 임진왜란 때 소실되었다가 그 뒤 중건하였다.

   건물로는 정면 3칸 측면 2칸의 대성전, 정면 4칸 측면 2칸의 명륜당 등이 있다. 대성전에는 5성, 송조 4현, 우리나라 18현의 위패가 봉안되어 있다.

영산강의
또 하나의
시원

용흥사 계곡에서 장성호까지

    차를 달려 영산강의 또 하나의 시원으로 찾아간다. 담양군 월산면 용흥리 몽성산(혹은 용흥산)에 있는 용흥사 옆의 계곡이다.

    용흥사는 백제 침류왕 1년(384)에 인도승 마라나 존자가 초암을 지어 개산한 절인데, 처음의 절 이름은 용구사(龍龜寺)였다. 여러 차례의 중창과 복원을 했고, 임진왜란 때 소실된 것을 진묵, 응준, 쌍인, 혜증 등의 큰 스님들이 20년간 중창했다. 영조의 생모인 최수빈(복순)이 이 절에서 기도하여 영조를 낳았으므로, 영조 탄생 이후 용흥사(龍興寺)라 했고 산 이름도 몽성산으로 바꾸었다. 일곱 개의 암자가 있고 고승들에 의해 크게 번창했으나, 임진란 때 왜군과 의병의 치열한 전투로 소실된 것을 후에 중건했다. 백양사 말사인데 중창이 계속되고 있다.

    용흥사 옆의 계곡물은 목포 앞바다까지 삼백오십 리의 먼 길을 달려갈 꿈을 꾸며 소리쳐 노래한다. 그 시냇물은 일단 그 아래 있는 월산저수지에 담겼다가 흘러 장성군 북하면 약수리의 다리 밑을 거쳐 장성호로 들어갔다가 드넓은 들판을 적시면서 황룡강(영산강의 한 지류)으로 들어가고, 그것은 장차 담양과 광주시를 거쳐 흘러내린 영산강(광주에서는 극락강이라 부른다)과 합류하게 된다.

  주장하는 사람들에 따라서, 월산면 몽성산의 용흥사 옆의 계곡에서 발원한 물을 영산강의 시원이라고 하고, 용면의 용소 쪽에서 발원하여 담양호를 거쳐 담양 들판을 적시면서 흘러내리는 담양천을 지류라고 말하기도 한다. 나는 사람들의 우김질을 상관하지 않기로 한다. 한국의 국토지리원에서 제작한 지도상에는 담양천이 영산강이라 기록되어 있고, 장성호에서 흘러내리는 것을 황룡강이라 기록되어 있다. 황룡강을 영산강의 지류라고 본 것이다.

  장성군 북하면 약수리를 거쳐 다시 담양군 쪽으로 넘어가는데, 고재종 시인이 '빗물의 운명'에 대하여 말한다.

  "바심재 꼭대기의 동쪽에 떨어지는 빗물은 담양호로 들어간 다음 영산강물이 되고, 바심재 서쪽에 떨어진 빗물은 장성호로 들어갔다가 황룡강물이 됩니다."

  어쨌거나, 담양호의 물과 장성호의 물은 결국 영산강으로 만나게 된다. 물들은, '나는 장성호의 물이다,' '나는 담양호의 물이다' 하고 우김질하지 않을 터이다. 사람들에게 옷처럼 입혀진 지방색이란 것과 각기 다른 이념이라는 것은 얼마나 우스운 색깔 타령인가.

무등산 북쪽 골짜기의
지실천에서
영산강까지

담양의 정자 문화

　무등산 북쪽의 계곡들에서 발원한 지실천의 물은 광주호에 담기고, 그것은 석곡천으로 흐르고, 창평천에서 흘러온 물과 합수하여 훤암천으로 흐르다가 담양에서 흘러온 영산강으로 들어간다.

　영산강의 지류 가장자리에 서 있는 담양의 정자들은 한국 가사 문학 시원의 한 표상이자 거점이다. 담양의 정자들과 시가 문학을 빼 버린다면 한국의 고전문학은 빈 털털이가 되고 교과서 한쪽 옆구리가 텅 비게 된다.

　담양의 지실천변에 있는 소쇄원(瀟麗園)으로 간다.

　'지실'이란 이름을 따져 보면 아주 재미있다. 지명 바꾸는 관리가 그 것을 '지곡(芝谷)'으로 번역했는데 잘못이다.

　'지'는 북쪽을 뜻하는 '뒤'에서 왔고, '뒤'는 '디'로 편하게 발음되곤 했는데, '디'가 '지'로 구개음화한 것이다. '실'은 골짜기이므로, '지실'은 무등산의 '북쪽에 있는 골짜기'인 것이다.

지실, 이 음음한 골짜기에 물이 흐르고 있다. 물은 무등산과 그 휘하에 있는 낮은 산 장원봉에서 연원한다.

세상의 모든 안목이 있는 사람들은 이 소쇄원을 자연 친화적인 한국 정원의 가장 바람직한 참모습이라고 말한다. 북쪽 장원봉의 골짜기에서 흘러내린 시냇물이 다섯 가닥으로 흐르다가 자그마한 폭포가 되어 연못을 이루는 곳이 소쇄원의 영역이다. 소쇄는 맑고 깨끗하다는 뜻인데 이 정원을 만들어 살았던 사람 양산보는 자기의 호를 '소쇄옹'이라고 했다.

양산보는 조광조의 제자이다. 조광조는 진보적이고 개혁적인 인물이었고 도학 정치가 그의 이상이었다. 반개혁적인 정적들의 모함과 그를 든든하게 밑받침해 주던 임금의 변심으로 인하여 화순 능주에 유배된 다음 사약을 받고 죽자, 양산보는 벼슬을 버리고 여기에 은둔한 채 이 지방의 산림(山林 : 지성적인 학자 문인)들과 마음을 나누며 남은 삶을 살았다.

물이 철철 소리치며 흐른다. 물은 오백 년의 시간을 노래로 들려준다. 고재종 시인은 그의 시에서 소쇄원의 흐르는 물소리를 '소쇄 소쇄'라고 썼다. 소쇄를 의성어로 쓰고 있는 것이다.

양산보는 제월당(霽月堂)을 위에 지었고, 광풍각(光風閣)은 아래에 지었다. 왜 그랬을까. '제월', '광풍'이란 말은 송나라 때 시인 산곡 황정견의 시 '흉회쇄락 여 광풍제월(胸懷灑落 如 光風霽月)'에서 가져온 말이다. '제월'은 '비가 개이고 맑은 하늘에 뜬 달'이라는 뜻이고, '제월광풍'이란 말은 '도량이 넓고 시원함'이란 뜻이다. 제월당은 주인의 사색을 위한 공간이고, 광풍각은 손님들과 사귀며 시회를 읊는 공간이었다. 소쇄원에 드나든 명현 시인들은 송순, 임억령, 김인후, 기대승, 김성원, 정철, 백광훈 등 모두가 혁혁한 사람들이었다. 16세기 중반 호남 사림(士林) 문화의 근거지, 대단한 살롱이었다.

무등산 북쪽 계곡에서 발원한 지실천의 하류에 광주호가 있고, 광주호를 내려다보는 성산의 산줄기 끝에 식영정(息影亭)이라는 정자가 있다. 전라남도 기념물 제1호이다. 송강 정철의 〈성산별곡〉의 주무대가 되는 정자이다. 정면 2칸, 측면 2칸의 팔작지붕이다. 1560년 김성원이 임억령을 위해 지은 정자이다.

옛날에는 그 정자 앞을 흐르는 시냇물(지실천)을 자미탄(紫美灘)이라 불렀다. 배롱나무(백일홍)가 군락을 이루고 있으므로, 자색의 꽃이 필 때는 언덕 아래 흐르는 물에 꽃 그림자가 아롱지고, 그 꽃이 질 때는 꽃잎들이 떠 흘렀던 것이다. '자미탄'이라 이름 할 만큼 꿈같은 황홀한 여울이었다.

식영은 '그림자를 쉬게 한다'는 뜻이다. 그것은 사람들에게, 최고 최대의 순리적인 삶, 무위자연을 가르친 《장자》의 '어부편'에 나오는 우화에서 가져온 말이다.

그림자를 두려워한 사람이 있었다. 그림자, 그것은 사람이 살아가는 역정 속의 희로애락과 어찌할 수 없는 자기 삶의 가증스러운 탐욕의 궤적이다. 그 궤적(그림자)을 남기지 않으려고 달리고 또 달린다. 그러나 그림자는 그 주인이 살아 있는 한 따라오기 마련이다. 그 그림자는 숲 그늘 속에 들어가자 없어지고, 그림자의 주인은 비로소 편안해질 수 있다.

그림자(삶의 궤적)는 세상에 몸을 드러내고 활동을 할 때 주인을 괴롭히지만, 도가적인 은둔과 초월의 삶, 무위자연의 삶을 살 때 사라지는 것이다. 식영정은 탐욕스러운 그림자(가증스러운 삶의 궤적)를 없어지게 하는 정자라는 것이다.

식영정으로 오르는 계단 앞에 누군가가 얼마 전에 새로 세운 대리석으로 된 비석 하나가 눈에 띈다. 하얀 모시 두루마기에 네모반듯한 붉은 헝겊 하나를 대 놓은 듯한 살풍경이다.

식영정 아래에는 정철과 김성원이 노닐던 낚시터, 노자암, 방초주, 서석대 등의 승경이 있었지만 모두 광주호의 물에 잠겨 버렸다.

식영정의 남쪽 산줄기 끝의 시냇가에 환벽당(環碧堂)이란 정자가 있다. 이 정자는 김윤제(1501~1572)가 나주목사를 지낸 다음 을사사화를 겪고 귀향하여 세웠다. 임진왜란 때의 의병장 김덕령은 그의 증손이다.

김윤제가 낮에 꿈을 꾸는데 정자 앞을 흐르는 시냇물에서 용 한 마리가 목욕을 하고 있었다. 깜짝 놀라 깨어 나가보니, 한 소년이 시냇가에 앉아 있었다. 김윤제는 그 소년이 장차 비범한 인물이 되리라 하고 외손녀와 혼인시키고 문하에 두고 가르쳤다. 그 소년이 송강 정철이다.

옛날에는 이 지실천을 자미탄(紫美灘)이라 불렀다.
자색의 꽃이 필 때는 언덕 아래 흐르는 물에 꽃 그림자가 아롱지고,
그 꽃이 질 때는 꽃잎들이 떠 흘렀다.

••• 환벽당의 댓돌. 환벽당에는 송강 정철과 관련된 전설이 전해진다.

환벽당, 식영정이 자리한 지실 일대와 송강정은 '가사 문화권'이라 불린다.

27세에 문과에 급제한 송강 정철(1536〔중종31〕~1593〔선조26〕)은 강원도관찰사, 전라도관찰사, 예조판서, 우의정, 좌의정을 지냈다. 서인의 주된 인물인 정철은 정여립 모반 사건의 국문을 맡아, 거기에 연루된 자 1,000여 명을 죽어 가게 했는데, 그 사람들 대부분이 호남 사람들이었으므로, 호남은 역모의 땅이라는 인상을 세상 사람들에게 심어 주었다.

그는 파직된 다음 제2의 고향인 창평을 찾아 시심을 달래며 송강정을 짓고 은둔했다. 그가 지은 〈관동별곡〉, 〈성산별곡〉과 더불어, 창평에서 지은 〈사미인곡〉, 〈속미인곡〉은 임금을 향한 일편단심의 구애 노래인데, 순우리말 구사의 유려함은 국문학사상 탁월한 예술적인 수확이다.

관직에 나아가기를 좋아한 정철은 임진왜란 때에 양호 체찰사 및 사은사로 활동하다가 58세에 강화도 송정촌에서 세상을 떠났다.

도가적인 초월과 은둔의 삶을 희구하는 식영정에 앉아 송강 정철의 삶과 예술을 생각하는 내 입술은 씁쓸하고 떫다. 송강 정철의 감성에는 아름다움과 악마적인 광기가 동시에 들어 있었던 모양이다.

> 재 너머 성권농 집에 술 익는단 말 어제 듣고
> 누운 소 발로 박차 언치 놓아 지즐 타고
> 아헤야 네 권농 계시냐 정좌수 왔다 일러라

송강 정철의 이 시에는 가학(사디즘)이 아주 진하게 들어 있다. 누워 있는 소를 발로 박차는 것도 부족하여 지즐 탄다. '지즐 탄다'는 가학적인 성애(性愛)를 느끼게 한다.

그 시처럼 정철은 성질이 매우 급했다. 술을 호쾌하게 마신 만큼 실수도 자주 한 시인이었다. 오죽 했으면 임금이 "그대는 하루에 술을 한 잔씩만 마시도록 하라" 하고 명했을까. 그는 이 명령에 따르기 위하여 반드시 한 잔만 마셨는데, 대신 술잔을 커다란 옹배기만한 사발로 썼다. 성질이 급하고 술이 과한 만큼 정치인으로서는 매우 부적절했다. 부정한 일을 보고 참지 못하고, 정적들을 잔인하게 척결하고, 많은 정적들을 만들었고, 정적들에게 몰려 향리로 내려오지 않을 수 없었다.

식영정 아래로 흐르는 물 앞에 앉으면 고요해져야 하는데 송강 정철은 그렇지 못하고 다시 산이 될 기회를 엿보며 살았다. 임 그리워 울며 다니는 자기의 신세가 산 접동새 비슷하다고 노래한 〈정석가〉의 주인공처럼 정철은 임금이 다시 불러 주기를 바라며 살았다.

그가 지은 송강정은 그가 정적인 동인들에게 몰려 대사헌 자리에서 물러난 후 내려와 머물렀던 정자이다. 그곳에서 〈사미인곡〉을 지었다. 아름다운 언어와 가슴 절절한 정서로 섬세하게 직조된 시가.

> 이 몸 태어날 때 임을 따라 태어났으니
> 한평생 함께 살 인연
> 어찌 하늘 모를 일이던가.
> 나는 아직 젊어 있고,
> 임은 오직 날 사랑하는데,
> 이 마음과 이 사랑
> 비교할 곳이 다시 없네.
> (중략)
> 아아, 내 병이야 내 임의 탓이로다
> 차라리 죽어져 범나비 되리라.
> 꽃나무 가지마다 간데 족족 앉았다가
> 향 묻은 나래로 임의 옷에 앉으리라.
> 임께서야 나인 줄 모르셔도
> 나는 임을 따르려 하네

한데 기다리고 또 기다려도 불러 주지 않자, 정철은 술에 더욱 호방하게 깊이 빠져 든다.

한 잔 먹세 그려 또 한 잔 먹세 그려
　　꽃 꺾어 산 놓고 무진무진 먹세 그려
　　(중략)
　　무덤 위에서 잔나비 휘파람 불 때 후회하면 무엇할 것인가
　　 ─정철의 〈장진주사〉에서

　담양의 누각이나 정자들 가운데 내 마음을 사로잡은 것은 송순(1493년(성종 24)~1582년(선조 15))이 지은 면앙정(俛仰亭)이다.

　　십 년을 경영하여 초려 한 칸 지어 내니
　　반 칸은 청풍이요 반 칸은 명월이라
　　강산은 들일 데 없으니 둘러 두고 보리라

　이 시조는 '면앙정 가단'의 창시자인 면앙 송순이 남긴 〈면앙정 잡가〉 가운데 하나이다. 송순의 문학적인 감수성과 언어 감각은 탁월하다. 이 시를 생각하며 면앙정에 걸터앉아 본다. 시원하게 들판이 펼쳐져 있다. 그야말로 굽어보면 사방이 들판이요, 우러러보면 새파란 하늘이다. 송순은 3언의 시로 다음과 같이 노래했다.

　　굽어보니 땅이요 俛 有地
　　우러르니 하늘이라 仰有天
　　그 가운데 정자 있어 亭其中

... 면앙정으로 오르는 돌계단.

호연한 흥취 일어나네 興浩然

　　바람과 달을 불러오고 招風月

　　산과 내를 끌어당겨 挹山川

　　명아주 지팡이 짚고 扶藜杖

　　백 년을 보내리라 送百年

　머리털 허연 신선 노인의 모습이 눈에 선하다. 면앙정에서는 달관의 경지를 공부해야 한다. 정자는 사방팔방 막힘이 없는 탁 트인 시공이다. 이 정자의 주인은 사람이 아니고, 자유자재로 들락거리는 바람과 빛이다.

　면앙 송순은 전라도 추성군 봉산면 상덕리 기촌마을, 지금의 담양군 봉산면 상덕마을에서 태어나 90세의 나이에 세상을 떠났다.

　　인간을 떠나와도 내 몸이 겨를 없다

　　이것도 보려 하고 저것도 들으려 하고

　　바람도 쐬려 하고 달도 맞으려 하고

　　밤은 언제 줍고 고기는 언제 낚고

　　시비는 뉘 달으며 진 꽃일랑 뉘 쓸려뇨……

　이것은 〈면앙정가〉의 뒷부분이다. 그의 아름답고 그윽한 정신세계와 뛰어난 언어 감각은 송강 정철에게 많은 영향을 주었을 터이다. 김인후, 기대승, 임제, 고경명, 임억령 등이 그의 문하를 드나들었고, 그들의 마음이 정자에 새겨져 있다. 이곳은 가히 '면앙정 가단' 혹은 '호남 시단'의 모태라고 해도 될 만하다.

담양 지실의 한 카페에서 매취순 한 잔을 하면서 생각한다. 이승에서 굳게 인연 맺은 호남 제일의 시가 문학자들은 저승에서도 늘 만나곤 할 터이다. 땅을 내려다보고 하늘을 우러러보며 영원을 살고 싶어 하며 지은 면앙정에서.
면앙정에 모이는 혼령들은 송순, 임억령, 고경명, 임제, 김인후, 정철, 기대승 들일 터이다. 저승에 간 그분들이 하필 면앙정에서 만나곤 할 거라고 생각하는 까닭은 기대승이 쓴 〈면앙정기〉 때문이다.

"정자의 동쪽은 제월봉이다. 봉의 활개가 아래로 뻗어 내려가다가 갑자기 솟구치고 산세는 마치 용이 머리를 쳐들고 있는 듯한데, 정자는 그 위에 서 있다. 집은 세 칸으로 되어 있으며 사방이 트여 있고, 서북쪽은 절벽이 가파르며 빽빽한 대나무 숲이 병풍처럼 둘려 있고 밋밋한 삼나무가 울창하게 들어서 있다."

고봉 기대승은 18세 때 송순을 만남으로써 시문학에 눈을 떴는데, 그의 참되고 아름답게 형상화시키는 힘은 놀랍다.
바다 속 섬에서 나고 자란 나는 기껏 참외밭과 배밭의 원두막 정서를 알 뿐이다. 때문에 하늘로 날아갈 듯한 정자의 운치와 멋을 일찍이 알지 못했다.

뒤에는 산 앞에는 냇물이나 강물, 건너편에 풍광 좋은 산야를 두고 있는 정자들에는 유유자적하는 도학적인 정취가 배어 있다.

학문을 닦고 벼슬을 하고, 세상을 좋은 쪽으로 만들어 가는 일을 하다가 늙어 고향에 돌아오기도 하고, 영달을 꾀하며 권력에 줄을 대고 살다가 반대 세력에 밀려 고향으로 돌아오기도 한 세도가나 토호들이 풍광 수려한 소요의 공간, 혹은 제자들의 강학의 공간으로서 마련한 것이 정자이다.

> 청산도 절로절로 녹수도 절로절로
> 산 절로 수 절로 산수간에 나도 절로
> 이중에 절로 자란 몸이 늙기도 절로 하리라

'절로'가 가진 흐름의 가락과 음악성이 흥취를 일으키면서도 숙연하게 하고 슬퍼지게 한다. 그것은 노자, 장자의 무위자연의 삶을 동경하는 정서이다.

지실에는 카페와 음식점들이 많다. 한국 시가 문학의 자궁 혹은 요람의 한쪽 자락인 지실을 후세 사람들이 기리며 즐기는 것이다.

산의 솟구쳐 오름은 땅의 발기이고, 거기에는 광기 같은 열정과 패기와 탐욕이 담겨 있다. 담양의 물은 침잠이고 평화이다. 산은 하늘을 향해 치솟고, 물은 지평 위를 흐르거나 지맥 속으로 흘러든다.

산을 보면서 기상을 키우되 물을 통해서 가라앉힐 줄 아는 힘을 기르지 않으면 성정이 범처럼 사납기만 하게 된다. 사람은 산을 등지고 살면서 물을 앞에 두고, 물에 산이나 숲 그림가가 잠기는 것을 보고 살아야 한다. 하늘에서 내려오는 기가 땅에서 솟구쳐 오르는 기와 만나 절차탁마하는 곳이 연못이다. 정자에는 탐욕을 가라앉히고 자연에 '절로절로' 친화하려고 애쓰는 의지와 다시 기회를 엿보아 탐욕을 쟁취하려는 의지가 공존해 있다.

담양의 정자 문화는 시끄럽게 용솟음치려 하는 산의 양기와 고요히 침잠하려는 물의 음기의 싸움의 결과물이다. 한 시인의 몸에도 이러한 싸움은 일어나고, 한 스승의 문하에 모여든 제자들, 한 고을, 한 사회, 한 역사, 한 우주 속에서도 이러한 싸움은 일어난다. 이러한 싸움은 우주의 율동으로서, 세상을 싱싱하게 하고, 아름답고 고운 문학작품을 생성되게 한다. 문학이 있어, 시가 있어, 세상은 슬프면서도 아름답고 곱고 꿈꿀 가치가 있다.

호남의 자존 혹은 지존
무등산을 안고 도는
영산강

 담양호 쪽에서 흘러온 영산강은 담양 월산면에서 흘러온 용천을 담양읍에서 받아들이고, 삼인산과 채알봉 사이에서 흘러온 지류를 남산리 새터에서 받아들인다. 영산강은 다시 봉산면 신학리를 지나면서 반룡리와 영천리 사이를 흘러온 지류를 받아들인다.
 하류로 흐른 영산강은 또 다시 무등산 지실천의 물을 받아 가둔 광주호에서 흐른 횐암천과, 담양군 대덕면 용대리에서 발원하여 함평면 소재지를 지나 온 창평천을 봉산면 삼지리(三支里)에서 받아들이게 된다.

 담양에서 흘러온 영산강변의 한 벌판에 망월동이 자리하고 있다. 그 5.18의 숭고한 넋들이 잠들어 있는 망월동의 기념탑 꼭대기에 거대한 알 하나가 들어 있다. 언젠가는 껍질을 깨고 다시 태어나야 하고, 영원을 살아야 할 고귀한 넋이 그 속에 들어 있다.
 대관절 무엇이 그 알을 낳았을까.

 광주에서 셋방살이를 하고 살던 시절, 방을 얻을 때면 반드시 무등산을 바라보며 살 수 있는 곳에 얻으려고 했었다. 개구리 같은 내 새끼들이 보랏빛 무등산을 바라보며 자라게 하고 싶었다. 그러한 무등산은 나에게 무엇이었을까.

…… 가난이야 한낱 남루에 지나지 않는다. 저 눈부신 햇빛 속에 갈매빛의 등성이를 드러내고 서 있는 여름 산 같은 우리들의 타고난 살결 타고난 마음씨까지야 다 가릴 수 있으랴. 청산이 그 무릎 아래 지란을 기르듯 우리는 우리 새끼들을 기를 수밖엔 없다……

한국전쟁 직후에 광주에서 잠깐 살았던 미당 서정주 시인에게도 무등산은 가난과 슬픔과 운명을 달관하게 하는 존재였다.

나의 사전 속에는 무등산(1,187m)이 '수미산'으로 적혀 있다. 수미산, 그것은 그냥 산이 아니다. 성인이 가부좌를 하고 꼿꼿이 앉아 선정(禪定 : 마음이 고요하게 가라앉은 지경)에 들어 있는 모습을 '수미산처럼 영원불변하다'고 말한다. 그것은, 세상의 한가운데 있는, 금빛 수레바퀴 위에 우뚝 솟은 비가시적인 산, 우주의 깊은 뿌리, 즉 원초적인 진리의 시공을 말한다. 그것은 현묘하게 드높으면서 빛나고 사람을 편안하게 하는 착함으로 가득 차 있는, 영구불변의 절대자적인 존재이다.

무등산을 볼 때면 고개를 치켜들고 반드시 산꼭대기를 본다. 산정에 구름이 얹히어 있을 때도 있고 눈이 하얗게 덮여 있을 때도 있고, 반물색(쪽빛)의 하늘에 묻혀 있을 때도 있다.

무등산은 음기를 가운차게 하늘의 치마폭 속에 투사하고, 하늘은 양기를 빛줄기로 쏟아 놓는다.

그 산꼭대기는 억겁의 세월 동안 하늘의 끝자락과 입맞춤하고 살아온 알 수 없는 어떤 세계이다. 지상에서 가장 관광(寬廣)하고 장대한 그 산의 머리와 푸짐하고 넉넉한 쪽색 하늘의 풍성한 치마폭과의 만남이다. 하늘 신과의 만남의 자리, 신화가 생성되는 시간과 공간이다.

《악기(樂記)》에서 말한다. 땅의 기운은 올라가고 하늘의 기운은 내려와서 서로 절차탁마하고 감동하여 만물의 싹을 생기게 한다. 사람들의 깨끗하고 현명한 모든 예술은 하늘을 본뜬 것이고, 종소리, 북소리 따위의 관광하고도 장대한 것은 땅의 기운을 본뜨는 것이다.

무등산은 자기만한 높이와 부피와 뿌리로 뽑아 올린 음기를 기운차게 발기한 남근처럼 하늘의 치마폭 속에 투사하고, 하늘은 무등산과 그 주변 땅이 받을 만한 양기를 빛줄기로 쏟아 놓는다. 그 위대한 산과 하늘만 알고 있는 음험한 교통 교감 앞에서 나는 진저리를 친다.

그렇지만 무등산은 까다롭지 않다. 토산 혹은 육산으로 되어 있어, 남녀노소를 가리지 않고 누구나 쉽게 오를 수 있으며, 곳곳에 맑은 물이 나오는 약수터가 있기 때문에 어디서나 갈증을 면할 수 있다. 《고려사》에 이런 기록이 있다.

'무등산은 광주의 가장 참된 산이다. 광주는 전라도에 있는 큰 고을이다. 이 산에 성을 쌓았더니 백성들은 그 덕으로 편안하게 살며 즐거이 노래를 불렀다'

또 다른 이름인 '서석산'은 상서로운 돌산이란 뜻이다.

무등산 곳곳에는 절과 암자들이 수두룩하고, 수많은 고승들의 전설이 서려 있고, 산의 경관이 좋은 곳마다 불교적 명칭들이 남아 있다. 지왕봉을 비로봉이라 부르고, 인왕봉을 반야봉이라 부르기도 한다. 비로자나는 우주를 형성하는 비가시적인 기운이고, 반야는 세상을 살아갈 만한 시공으로 만드는 지혜이다.

무등산의 봄은 연두색의 새싹이 돋아나면서부터 시작되는데 불타는 듯한 연분홍 철쭉꽃이 5월 하순쯤 활짝 피어나면서 기암절벽과 함께 황홀한 경관을 이루고 있다. 여름에는 각종 활엽수가 무성해진다.

원효사의 계곡에는 천연의 개울들과 작은 폭포들이 많다. 그것들은 광주천으로 모아졌다가 영산강으로 흘러간다. 가을에는 억새풀이 어우러진다. 입석대의 돌기둥 사이의 관목과 담쟁이넝쿨들이 빨갛게 물든다. 울긋불긋한 병풍을 펼쳐 놓은 듯싶다.

무등산은 흰 겨울옷을 입고 있을 때 신화 속의 존재로 변신해 버린다. 무등산의 눈꽃송이는 찬 새벽 공기가 만들어 낸 신비로운 자연의 걸작이다. 한낮의 따가운 햇살에 녹았다가 다시 새벽에 얼곤 한다. 그러면 고드름이 얽혀 새하얀 예술 작품이 된다.

무등산은 한반도 한복판의 가장 드높은 파도, 우주가 추는 무등등한 최상의 춤, 최고의 발기, 최대의 신명이다. 사람들이 무등산을 오름은 그 춤, 그 발기, 그 신명을 우리 내부에 담으려는 것이고, 그 속에 합류하려는 것, 그 파도타기를 하려는 것이다.

이 나라의 산들은 대부분 불교적인 이름을 가지고 있다. '무등'은 무등(無等)이다. 절대자는 세간에 존재하는 모든 무지렁이들을 안식하도록 품어 주기는 하지만 그들과 같지 않고 차별이 있으므로 '무리와 같지 않다'는 뜻에서 '무등'이라고 했다. 절대자는 가장 높은 존재이므로 견줄 것이 없고 세상에서는 같은 것이 없으므로 또한 '무등등'이라 한 것이다.

무등산은 높음에 있어서 주위의 그 어떠한 산과도 견줄 수 없다. 봉우리가 뾰쪽하면서 드높지도 않고, 바위나 골짜기나 절벽의 기교가 월출산이나 금강산처럼 오밀조밀하지도 아기자기하지도 않고 아슬아슬하거나 요요하거나 우뚝 솟지도 않았다. 하늘에 닿을 만큼 드높지만 번번하고 커다랗고 우람하면서도 잘난 체하지 않고 미련스럽고 무던해 보인다. 고독하면서도 고독하지 않고 드높고 우람하면서도 절대로 오만하거나 교만하지 않다. 전라남도 한가운데에 버티고 선 무등산은 광주와 그 주변 땅의 수호신(神)의 또 다른 얼굴이다.

이 글을 쓰면서 알아냈다. 망월동의 그 탑 속의 알을 낳은 것이 무등산이다. 땅은 언제인가 한번은 자기가 품고 있는 기를 확실하게 만천하에 뿜어낸다. 무등산도 그 기를 그렇게 뿜어 세상을 놀라게 할 시기가 돌아왔다. 그것의 기슭에 매달려 있는 광주, 화순, 담양을 비롯한 남도 땅은 그 기로 말미암아 더욱 웅비하기 시작할 것이다.

망월동으로 간다. 담양에서 흘러온 영산강 변, 사계절 내내 밤이고 낮이고 납덩이같은 암회색의 그늘로 무겁게 침묵하는 묘지. 별빛 달빛과 실로폰 소리 같은 풀벌레에 젖은 이슬이 유리구슬처럼 맺히고 이 이슬에 아침 햇살이 미치면 수억만 개의 찬란한 무지개가 선다. 이 무지

개는 파도 같은 함성이 되고 노래가 된다.

> 긴 밤 지새우고 풀잎마다 맺힌
> 진주보다 더 고운 아침 이슬처럼
> 내 맘에 설움이 알알이 맺힐 때
> 아침 동산에 올라 작은 미소를 배운다
> 태양은 묘지 위에 붉게 타오르고
> 한낮의 찌는 더위는 나의 시련일지라
> 나 이제 가노라 저 거친 광야에
> 서러움 모두 버리고 나 이제 가노라

광주 망월동에는 이제 투사의 마음으로서가 아니고 시인의 마음으로 가야 한다. 그러면 하늘도 눈이 시리도록 짙푸르고 풀잎도 더 싱싱하고 꽃들도 더 붉고 아름답다. 금잔디 이파리들 사이에 피는 보라색의 오랑캐꽃송이들이 산사의 쇠북처럼 커 보인다.

그 묘지에는 누가 누워 있는가. 장기간의 군사독재 정권의 핵심인 박정희 대통령이 김재규의 저격으로 인해 죽은 다음 불처럼 타오르는 민주화의 열기를, 전두환의 군부는 계엄령을 내리고 총칼로 억누르려고 들었다. 광주의 시민들은 구속된 김대중 등의 민주 인사들을 풀어 주고 자유를 억압하는 군인들은 물러나라고 외쳤다. 전두환의 군부는 광주가 북한을 추종하는 불순 세력의 책동이라고 선전하면서 특전사를 투입하여 강제 진압에 나섰다. 광주시민들은 시퍼런 군사독재의 총 앞에서 뜻을 굽히지 않았다. 수없이 많은 열사들이 자유와 민주의 세상을 지키려고 1980년 5월 도청 건물 속에 스스로를 성스럽게 옥쇄해 버렸다. 망월동에는 그 열사들의 넋이 누워 있다. 그들의 한이 광주 한복판에 아시아문화전당을 만들고 있다.

　바람을 만난다. 무등산 서석대 아래의 억새숲을 지나서 은사시나무 잎사귀들을 유치원생들의 조막손처럼 반짝거리게 하면서 조잘거리는 작은 새떼처럼 달려온 바람.
　빛을 만난다. 영산강의 시원한, 담양의 병풍산과 추월산 기슭의 백양나무 숲을 지나고 지천으로 널려 있는 대나무 숲을 스쳐 달려온 금술은술 같은 빛의 너울.
　내가 망월동에 가는 것은 탑 속에 들어 있는 알을 보기 위해서이다. 기념탑 속에 들어 있는 거대한 공룡의 알. 그것은 깊이와 너비를 짐작할 수 없는 허적(虛寂)의 시간과 태허의 한 개 한 개 입자들의 집적으로 형성된 것이다. 이 알의 중심에서 우주 율동의 시원, 영원으로 날아오르는 태극이 비롯된다.
　이 알은 무시로 세포분열하듯이 비가시적인 알을 낳는다. 멀리서 찾아온 한 사람 한 사람의 눈길이 스칠 때마다 그것은 분열한다. 분열된 알은 망월동의 무거운 침묵을 영혼 속에 묻혀 말없이 돌아가는 자들의 그림자를 따라간다. 이 나라 방방곡곡으로, 지구의 이 구석 저 구석으로 퍼져 나가서 진달래꽃으로, 철쭉꽃으로, 오랑캐꽃으로, 민들레꽃으로, 장미꽃으로 피어난다.

 알은 어느 겨울 흰 눈이 내릴 때, 어느 봄날 꽃잎들이 눈송이처럼 흩날릴 때, 어느 한 여름의 저녁노을이 피처럼 타오를 때, 낙엽들이 들쥐 떼처럼 땅바닥을 구를 때 껍질을 벗고 새가 될 것이다. 시조새, 쥐라기의 새.

 알을 보면서 새의 순수를 생각한다. 숲 속의 작은 나뭇가지에 둥지를 짓고 조약돌 같은 알을 낳아 새끼를 치며 사는 새의 날개와 부리와 흑보석 알맹이 같은 눈망울이 가진 그 순수와 진실과 질서를 알아야 이 알을 내 그림자 속에 품고 돌아갈 수 있다.

 광주의 5.18 피의 소용돌이에서 살아남은 자들은 이 무거운 침묵의 시공 앞에 죽은 자들을 위한 탑을 만들어 세우면서 왜 탑 속에 거대한 알 한 개를 넣었을까.

 알을 주의 깊게 살피고 또 살핀다. 혹시 한 순간에 껍질이 깨지고 새 새끼가 날갯짓을 할 기미를 보이지 않는가. 나 한 사람의 눈길이 뻗어 가서 껍질을 쫀다면 그것이 훨씬 빨리 깨지게 될지도 모른다. 신비를 보는 눈으로 윤회를 본다. 환생과 거듭남을 본다.

 망월동에는 죽은 자와 산 자가 함께 산다. 죽은 자의 나이는 죽는 순간의 나이로 고정되어 있다. 그 나이로 영원을 산다.

 광주호를 오른쪽에 두고, 광주시 충효동으로 난 샛길을 따라 무등산 서북편 산기슭을 달리면 충장사를 만나게 된다. 충장사는 임진왜란 때 의병장이었던 김덕령 장군을 기리는 사우(祠宇)이다. 광주의 유명한 거리 '충장로'는 김덕령 장군의 시호를 따서 붙인 것이다.

김덕령 장군(1567년〔선조 즉위년〕~1596년〔선조 29〕)은 겨우 30년을 살았을 뿐이다. 임진왜란이 일어나자 형과 함께 의병을 일으켜, 고경명의 막하에서 전라도로 침입하는 왜적을 물리치기 위해 전주에 이르렀을 때, 돌아가서 어머니를 봉양하라는 형의 권고에 따라 귀향하였다. 어머니 상중에 담양부사, 장성현감의 권유로 담양에서 의병을 일으켜 그 세력이 크게 떨치자, 임금으로부터 형조좌랑의 직함과 함께 충용장의 군호를 받았다. 거제도의 왜적을 수륙양면으로 공격할 때 선봉장으로 활약하여 이를 크게 무찌르고, 이어서 고성에 상륙하려는 왜적을 기습 격퇴하였다. 이몽학이 반란을 일으키자 도원수 권율의 명령을 받아 진주에서 운봉까지 진군하였다가, 난이 이미 평정되었다는 소식을 듣고 광주로 돌아가려 하였으나 허락받지 못해 진주로 돌아왔다. 이때 이몽학과 내통하였다는 무고로 곽재우와 함께 체포되었고, 20일 동안에 여섯 차례의 혹독한 고문으로 옥사하였다. 체구가 작지만 날래고 민첩하며 신용(神勇)이 있었다고 하여 전설적인 이야기가 많다. 죽기 전에 지었다는 시조 한 수 〈춘산곡〉이 전한다.

> 춘산에 불이 나니 못 다 핀 꽃 다 붙는다
> 저 뫼 저 불은 끌 물이나 잇거니와
> 이 몸에 내(川) 없는 불 일어나니 끌 물 없어 하노라

취가정으로 간다. 정자 이름이 야릇하다. 술에 취하여 노래하는 정자

라는 것인가. 그렇다면 퇴폐적인 정자 아닌가. 정자 앞의 안내판을 깊이 읽으며, 속된 나의 오해를 부끄러워한다.

　김덕령의 후손 김만식 등이 그를 위로하고 충정을 기리기 위하여 1890년(고종 27)에 '취가정'을 지어 그의 혼을 달랬다. 6.25 전쟁으로 불탄 것을 1955년 재건하였다. 야트막한 산 위에 누대처럼 지었는데, 대부분의 정자들이 강변을 내려다보고 있는 것과 달리 넓게 펼쳐진 논과 밭들을 향하여 세웠다. 정자 앞에 서 있는 소나무는 정자의 운치를 한결 더해 준다.

　정자의 이름 '취가정'은 송강 정철의 제자였던 석주 권필의 꿈에서 비롯하였다. 억울한 누명을 쓰고 죽은 김덕령이 꿈에 나타나 억울함을 호소하고 한 맺힌 노래 '취시가(醉時歌)'를 부르자, 권필이 이에 화답하는 시를 지어 원혼을 달랬다고 한다.

　　취했을 때 노래 부르니
　　이 곡을 듣는 사람이 없구나
　　꽃과 달 아래서 취하는 것도
　　나는 바라지 않고
　　공훈을 세우는 것도
　　나는 바라지 않네
　　공훈을 세우는 것은 뜬 구름이요
　　꽃과 달 아래서 취하는 것도 뜬 구름일세
　　취했을 때 노래하노니

내 마음 알아주는 이 없구나
다만 바라옵기는
긴 칼 잡고 명군을 받들고자 함일세

무등산에 오른 김에 중턱에 있는 원효사를 둘러보지 않을 수 없다. 원효사는 왜 무등산 중턱에 있는가. 나는 장편소설 〈원효〉를 쓰면서 그 까닭을 알았다. 무등산의 '원효사'는 변산반도에 있는 '원효방'과 의미의 궤를 같이한다.

전북 부안 내변산은 높고 큰 산이 첩첩 싸여 있는 곳으로, 월명암, 내소사 등의 천년 고찰을 품고 있다. 능가산 개암사의 뒤쪽 울금바위의 석굴을 원효방이라 한다. 그 바위굴은 수많은 사람이 들어가 생활할 수 있다. 그 속에 샘물이 있다. 이 바위굴은, 돌로 쌓은 3,917m의 주류성(周留城)을 중심으로 하여 백제 유민들이 왕자 '풍'을 옹립하고 3년간에 걸쳐 백제 부흥 운동을 펼쳤던 곳이다. 고려조의 시인 이규보는 그 바위굴을 둘러보고 쓴 글을 《남행월일기》에 남겼다.

그 바위굴을 왜 원효방이라 부르는가.
무등산 원효사의 정확한 창건 연대는 알 수 없으나 신라의 지증왕이나 법흥왕 때 세워진 것으로 추정되고 있다. 그 뒤 삼국통일을 전후한 문무왕 때 원효 스님이 이곳에 머물면서 암자를 개축한 뒤부터 원효사로 불렀다고 전한다.

원효 스님이 살았던 시기와 문무왕의 집권 시기는 같다. 문무왕 집권 때에, 백제 땅이었던 지금의 전라도에는 어떤 일이 일어나고 있었는가.

백제와 고구려를 무너뜨린 무열왕 김춘추가 죽은 뒤, 백제의 유민들은 신라를 향해 머리를 숙이고 복종하려 하지 않았다. 저항이 가장 거센 곳이 전라남도 광주 일대와 전라북도 변산 일대였다. 신라는 전쟁을 치른 뒤 지쳐 있었고, 나라의 경제도 피폐해 있었다. 신라는 군사력으로써 저항하는 백제 유민들을 제압할 수 없었다. 그리하여 신라의 문무왕은 원효를 앞장세워 저항하는 백제의 유민들을 회유하려고 들었다. 그렇다면, 문무왕이 앞장세우려 한 원효는 어떤 사람인가.

김유신과 김춘추가 당나라의 군사를 등에 업고 백제와 고구려를 무너뜨리는, 이른바 삼국통일 전쟁을 치르고 있을 때 원효는 반전운동을 편 사람이었다. 원효의 주장은, 군사력을 통한 삼국의 통일은 무의미하고, '불국토 통일'을 해야 한다는 주장을 폈다. 말하자면 불교의 힘으로(부처님의 사랑 안에서의 평화적인) 통일을 해야 한다는 것. 그리하여 원효는 전쟁터에 나간 군사들을 철군시키라고 시장 바닥에서 군중들과 함께 시위를 했다.

김춘추는 전쟁 반대 세력과 더불어 반전시위를 벌이곤 하는 원효를 풀어놓고는 전쟁을 치를 수 없어, 그를 자기의 과부 딸 요석공주의 집에 삼국 전쟁이 끝날 때까지 강제로 연금을 시켰다. 그 동안에 요석공주는 원효와의 사이에 아들 설총을 낳았다.

문무왕은 자기의 고숙인 원효 스님에게 백제의 저항 세력을 회유시켜 달라고 간청했다. 백제의 유민들에게 거부감이 없는 순수한 인물인 원효는 단신으로 무등산 원효사 인근에 웅거하고 있는 백제 저항 세력의 본거지로 달려왔고, 원효의 호소와 회유로 인해 저항 세력은 무장을 풀었다.

 원효는 광주 지방의 저항 세력을 회유시킨 다음 변산으로 가서 울금바위를 중심으로 주류성에 진을 치고 있는 저항 세력을 또한 회유했다. 그리하여 무등산 절을 원효사라 이르고, 변산의 개암사 뒤편 울금바위 굴은 원효방이라 이르는 것이다.

 원효사는 6.25 전쟁 때 소실된 것을 1954년 중창에 착수했다. 정면 3칸, 측면 1칸의 맞배지붕의 대웅전과 선원과 요사 들을 중건했다. 옛 절터에서 삼국시대의 금동불상 6점, 백제 토기와 와당, 고려 때의 철불 두상, 고려자기 등 많은 유물들이 나왔다.

화순 너릿재와
증심사 골짜기에서
극락강까지

　광주 동구 지원동과 화순의 경계인 너릿재 골짜기에서 흘러오다가 증심사 계곡에서 흘러온 물과 합수하여 광주 한복판을 관통한 광주천은 양동을 지나 무등 경기장을 감돌고, 쌍촌동 계수마을 앞에서 극락천과 만나 서쪽으로 흐르다가, 옛 상무대가 있는 치평동과 유덕동 평촌마을의 경계를 이루며 남진하다가 담양 쪽에 흘러온 영산강 본류와 만난다.

　무등산 서남쪽에 있는 증심사(證心寺)로 간다. 증심사는 광주시 동구 운림동 무등산의 서쪽 산기슭에 있는데 송광사의 말사이다. 이 절은 나와 인연이 깊다.
　20대 중반의 매우 가난하고 외로운 문학도였던 나는 내 아내와 이곳 증심사 대웅전에서 1966년 2월 22일에 한 젊은 스님의 주례로 조촐한 결혼식을 올렸다. 축하객은 신랑의 아버지, 그 아버지의 제자 한 사람, 신부의 어머니와 신부의 오빠와 이종사촌 여동생, 사진사, 모두 6명이 전부였다. 젊은 스님의 주례사 가운데 기억에 생생한 말이 있다.

"지금 이렇게 두 사람이 만난 것은 전생에 오백 매듭의 인연이 있었기 때문입니다."

증심사는 860년 철감선사가 창건하였고, 그 뒤 혜조국사가 중수하였으며, 1443년(세종 25) 전라도관찰사 김오가 자신의 녹봉으로 중창하였다. 임진왜란으로 소실되자 1609년(광해군 1)에 중창하였고, 일제강점기 초기에는 임제종 운동의 본부가 되었다.

임제종은 이 땅의 뜻 있는 스님들(경운, 만해 한용운, 장금봉, 박한영, 최범술)이 조선 불교를 합병하려 하는 일본 불교 조동종에 대항하여 결성한 것이었다.

1951년 빨치산들에 의해 대부분의 건물이 불타 버렸는데, 1971년에 크게 증축하여 오늘에 이르고 있다. 현존하는 당우(堂宇)로는 광주광역시 유형문화재 제13호로 지정된 오백전과 대웅전, 지장전, 비로전, 적묵당, 종각, 일주문, 요사 등이 있다. 오백전을 제외한 건물들은 최근에 지어진 것이다.

오백전은 대웅전 뒤에 있는 정면 3칸, 측면 3칸의 맞배지붕 건물로, 조선 초기에 지어진 강진 무위사의 극락전과 같은 계통의 건축 양식을 보이고 있다. 전각 안의 오백나한상은 1443년의 중창 때 김오가 조성한 것이라고 전해 오는데, 전국적으로 보기 드문 불상이다. 오백전 옆에는 높이 205cm의 석불 1구가 있는데, 고려시대 작품으로 추정되는 석조보살입상으로 유형문화재 제14호로 지정되어 있다. 비로전 안에 안치된 높이 90cm 정도의 철조비로자나불좌상은 통일신라시대 작품으로 보물 제131호로 지정되어 있다. 이 철불은 본래 광산군 서방면 동계리에 있던 것을 1934년에 옮겨온 것이다. 이 밖의 문화재로는 삼층 석탑, 고려 초기의 석탑으로 1933년의 보수 때 탑 내에서 금동석가여래입상과 금동보살 입상 등이 나왔던 오층 석탑, 조선 중기의 것으로 보이는 칠층 석탑 등이 있다. 오층 석탑에서 발견된 금동석가여래입상과 석조보살입상은 국보로 지정되었으나 한국전쟁 때 분실되어 전하지 않는다.

증심사 입구의 왼쪽 산록에는 약 3만여 평의 차밭이 있다. 이 차밭은 원래 증심사에서 가꾸어 왔던 것이지만, 일제강점기에는 일본인이 경영하였고, 광복 후에는 허백련 화백이 인수하여 고유의 차를 생산했다. 절 주변이 광주광역시 문화재자료 제1호로 지정되어 있다. 이 절 스님들은 가끔 '무등산 풍경 소리'라는 그윽한 산사 음악회를 열어 도시 생활에 찌든 사람들의 심신을 달래 주곤 한다.

광주광역시 서쪽을 감돌아, 앙증스러운 간이역인 극락강역 앞을 거쳐 송정리 쪽으로 남진하는 냇물을 광주 사람들은 '극락강(極樂江)'이라고 부른다.

이 강을 왜 극락강이라고 부를까.

《신동국여지승람》의 '광산현' 편에, 현의 서쪽에 '극락원'과 '극락진'이 있다고 기록되어 있다. '극락진은 예전에 벽진(나루터)이었고, 겨울에는 다리를 놓는다'는 주가 달려 있는 것으로 미루어 볼 때 그보다 훨씬 이전에 그 근처에 극락사나 극락암이 있었던 모양이나 그에 관한 기록이 없다. 이 강은 광주 사람들에게 기독교의 '요단강'을 연상시켜 준다.

극락강역은 광주역과 잇닿아 있다시피 한 간이역이다. 광주역사가 서 있는 자리에는 원래 태봉산이 있었다. 조선조 인조 임금의 한 왕자의 태를 묻은 그 태봉산은 광주역을 지으면서 헐어 내어, 계림동 앞에 있는 경양방죽을 매웠다. 그야말로 상전벽해가 이루어진 것이다.

1895년 1월의 어느 날, 순창군 쌍치면의 피로리에서 체포되어 담양의 감옥으로 압송된 전봉준은 가마에 태워진 채 경양방죽의 제방과 이 극락강변길을 따라 나주 관아로 압송되었다.

광주에 와서 양림교회를 들르지 않을 수 없고, 최흥종 목사에 대한 이야기를 하지 않을 수 없다.

양림교회는 1904년 목포에서 선교 활동을 하던 유진 벨(bell) 선교사가 오원(owen) 의사와 함께 광주에 와서 설립했다. 그들은 변창언, 김윤수와 함께 단칸 셋방에 거처를 정하고 열심히 전도를 했다. 처음에는 어느 사랑채에서 예배를 보다가 신도가 증가하자, 북문 안에 예배당을 건축했다. 최흥종, 배윤수가 장로로 당회가 조직되었다. 1918년 선교사가 시무하다가 한국인 처음으로 이기풍 목사가 취임했다. 1919년 3.1운동 이후, 최흥종 등의 신도들이 운동에 가담했다는 이유로 일제는 교회를 강제 몰수했다. 교회는 양림동 소재 기념각으로 옮기고 그해 가을 남문 밖 부근에 건물을 신축하고 이전했다. 이후 김창국 목사와 함께 교인 300명이 양림동 기념각으로 이전했고, 해방 후 1991

년 현 예배당(80평)을 증축하고 부속 건물(50평)을 신축했고, 현재에 이른다.

유진 벨, 오원, 월슨 등 선교사들과 양림교회는 수피아여중·고등학교, 숭일중·고등학교, 광주 최초의 종합병원 제중병원(옛 광주기독병원)을 설립하고, 소록도 나환자촌과 광주 기독교청년회(YMCA)를 설립했다. 성자로 불리는 최흥종 목사와 우리나라 최초의 신학 박사인 남궁혁 목사가 양림교회 출신이다.

광주기독교계의 한 중심에 오방 최흥종(1979~1966) 목사가 있었다. 25세 때 기독교에 입교하고 다음해 순검(巡檢)이 되었으나, 애국지사의 탄압에 반대하여 사임하였다. 1909년 광주 제중병원에 근무하면서 포사이드(Forsythe, W. H.) 선교사를 도와 나환자의 치료에 헌신하였으며, 1919년 3.1운동 때에는 김철(金鐵)과 같이 전라남도의 총책으로 만세 시위를 하다가 3년간 옥고를 치렀다. 출감 후 증심사 계곡 토굴에서 은거하다가 평양으로 가서, 신학교에서 신학을 공부하여 1922년 광주 북문 밖 교회의 목사가 되었고, 광주 YMCA의 회장이 되었다. 이후 시베리아 선교사로 갔다가 추방당하였으며, 귀국 후 신간회의 전라남도지회장, 1932년 한국나환자조절협회 회장 등을 지내며 나환자의 갱생 노력을 도왔다. 1945년 광복 후 전라남도의 미군정 고문위원장, 호남신문사 회장을 지냈고, 1955년 허백련과 같이 삼애원(三愛院)을 설립하여 농촌 지도자 육성에 힘썼다. 1956년 나주에 호혜원을 창설하여 음성 나환자를 수용하였으며, 1958년에는 무등산 원효사 앞에 송등원(松燈園)이라는 폐결핵 환자 수용소를 세워 그들을 보살폈다. 1962년 국민훈장이 수여되었다.

　광주 무등산을 등지고 영산강을 따라가며 생각한다. 근현대사의 격변기를 거쳐 오는 동안 광주는 민주화의 성지로 각광을 받게 되었다. 그 장엄하고 성스러운 기록은 유네스코에 등재되기도 했다. 광주의 비가시적인 풍경 가운데 대표적인 것 하나가, 1970년대에 일어난 민주화 운동과 관련된 '교육 지표 사건'이다.

　소설가인 송기숙 교수를 필두로 한 김두진, 김정수, 김현곤, 명노근, 배영남, 안진오, 이방기, 이석연, 이홍길, 홍승기 11명의 전남대학 교수들이 "우리는 민족중흥의 역사적 사명을 띠고 이 땅에 태어났다. 조상의 빛난 얼을 오늘에 되살려 안으로 자주 독립의 자세를 확립하고 밖으로 인류 공영에 이바지할 때다. 이에 우리의 나아갈 길을 밝혀 교육의 지표로 삼는다"로 시작되는 '국민교육헌장'에 반기를 든 것이다.

　박정희 군사정권은 1973년에 '국민교육헌장'을 반포한 12월 5일을 국가 기념일로 선포했다. 국가 유신 체제를 유지하기 위하여 독재의 초법적인 긴급조치가 시행되고 있던 때였다.

　광주의 민주화 주축 세력이자 전남대학교 교수인 그들은 국민교육헌장이 일제강점기의 일본 천황의 칙어와 같이 대한민국의 교육을 영원한 독재 체제의 길라잡이로 이용하고 있으므로 폐지해야 한다고 주장했다. 박정희 정권은 그들을 모두 교수직에서 해임하게 하고 그 가운데 대표인 송기숙 교수를 구속했다.

　그 사건은 전국 교수들이 서명을 하고 반대 투쟁을 하기로 한 것인데, 광주를 제외한 지역의 서명이 무산되면서 광주의 교수들만 표면에 드러나게 되었다. 송기숙은 광주 법원에서 재판을 받게 되었고, 전국의 문인과 뜻 있는 교육자들은 재판이 있는 날 지산동에 있는 광주 법원으로 모여들어 방청을 하고 성원을 했다.

송기숙(1935~)은 전남 장흥 출신인데 〈자랏골의 비가〉, 〈녹두장군〉 같은 명작 소설을 쓴 리얼리즘의 대표적인 소설가이다. 그와 '형아 동생아' 하는 사이인 나는, 그가 감옥살이를 하는 동안 그의 집 살림살이를 위하여 비밀리에 모금 운동을 했었다. 그는 감옥에서 출감한 뒤부터 민중 운동의 지도자로 두각을 드러냈고, 5.18 민주 항쟁이 전두환 정권의 무력에 의해 진압된 다음 현상수배 인물이 되었다. 내가 서울에 살 때, 군 보안대와 경찰 합동 수사본부에서는 그를 체포하기 위해 우리 집 전화를 도청했고, 어느 날 새벽에 급습해서 나와 아내를 분리 심문했다.

광주 민중 항쟁 이후 광주의 민중들은 피맺힌 한을 달랠 길이 없었다. 그들의 한을 달래고 희망을 주는 대중가수 한 사람이 나타났는데 그가 김원중이다. 한 사람의 평범한 젊은 시민이었던 그의 운명을 바꾸어 놓은 것이 5.18 민중 항쟁이었다. 직설적인 호소력을 가지고 있으면서도 감성적인 그의 노래는 한 맺힌 민중들의 가슴을 울리기도 하고 환호하게 하기도 했다.

그는 오래 전부터 '김원중의 달거리 콘서트'를 한 달에 한 번씩 하고 있다. 나도 그의 콘서트에 이야기 손님으로 초청받아 간 적이 있다. 청중들의 자발적인 북한 어린이 돕기 모금을 할 뿐 그의 노래는 늘 공짜이다. 그는 달거리 콘서트 때마다, 대한민국의 '내로라' 하는 시인 한 사람씩을 이야기 손님으로 초청하곤 한다.

광주에는 군사 독재정권에 항거하다가 이슬처럼 사라져간 의사, 열사들이 많다. 살아 있는 사람들 가운데는 죽어 간 자들 앞에 빚을 졌다고 생각하는 사람들이 많다. 지금 광주가 민주화의 성지로 만들어지고 있는 것은 죽어 간 자들과 살아 있는 자들의 공동 노력의 결과이다. 격동기 속에서 끝까지 광주를 지켜온 김준태(1948~) 시인은 민주와 생명과 조국 통일을 위해 시심을 열정적으로 쏟고 있다.

그는 전두환의 군부가 광주를 피로 물들인 다음 휴간 중이던 〈전남매일신문〉이 다시 발행되자 그 신문의 첫 장에 피울음 어린 한 맺힌 시 한 편을 발표했다.

아아, 광주여 무등산이여
죽음과 죽음을 뚫고 나가
백의의 옷자락을 펄럭이는
우리들의 영원한 청춘의 도시여
불사조여 불사조여 불사조여
이 나라의 십자가를 짊어지고
골고다 언덕을 다시 넘어오는
이 나라의 하느님 아들이여
(중략)
몇 백번을 죽고도

몇 백번을 부활할 우리들의 참사랑이여

우리들의 빛이여 영광이여 아픔이여

지금 우리들은 더욱 살아나는구나

지금 우리들은 더욱 튼튼하구나

지금 우리들은 더욱

아아, 지금 우리들은 어깨와 어깨 뼈와 뼈를 맞대고

이 나라의 무등산을 오르는구나

저 미치도록 푸르른 하늘을 올라

해와 달을 입맞추는구나

-〈아아, 광주여, 우리나라의 십자가여!〉의 일부

당시 그 신문의 편집국장이던 문순태가 청탁하여 신문에 실은 이 시는 세계로 날아갔고, 광주의 5.18 민중 항쟁을 알리는 계기가 되었는데, 김준태는 이 시로 말미암아 군사정권으로부터 많은 박해를 받았다. 김준태는 열정적인 서정시인인데, 생명의 시와 통일의 시에 모든 것을 걸었다. 그의 〈참깨를 떨면서〉는 언제 읽어도 가슴을 뜨겁게 하는 아름다운 서정시이다.

광주에는 리얼리즘의 승리, 순수시의 승리를 가져온 서정시인들이 헤아릴 수 없이 많다. 오래 전에 조선대학교에서 재직한 바 있는 김현승 시인이 뿌려 놓은 씨, 그리고 무등산에 안겨 있는 광주라는 지역의 특이성으로 인해 많은 시인들이 배출되고 있는 것이다.

독실한 기독교인인 김현승(1913~1975)은 평양에서 태어났는데, 광주에서 오랜 동안 살았다. 호가 다형(茶兄)인 김현승의 시비는 무등산 자락과, 호남 신학대학에 세워져 있다. 절대 고독을 즐기며 산 그의 명편 시 〈가을에는 기도하게 하소서〉를 나는 좋아한다.

> 가을에는 기도하게 하소서
> 낙엽들이 지는 때를 기다려 내게 주신
> 겸허한 모국어로 나를 채우소서
> 가을에는 사랑하게 하소서
> 오직 한 사람을 택하게 하소서
> 가장 아름다운 열매를 위하여
> 이 비옥한 시간을 가꾸게 하소서
> 가을에는 홀로 있게 하소서
> 나의 영혼 굽이치는 바다
> 백합을 골짜기를 지나
> 마른 나뭇가지 위에 다다른 까마귀처럼

문병란, 이성부, 조태일, 김준태, 곽재구, 고재종…… 그들이 다 광주라는 시공에서 일가를 이룬 시인들이다.

소설가 이청준(1939~2008)은 장흥 출신으로 광주서중과 광주일고를 거쳐 서울대 독문학과를 졸업했다. 19658년 〈퇴원〉으로 등단한 이래, 〈이어도〉, 〈병신과 머저리〉, 〈소문의 벽〉, 〈잔인한 도시〉 등을 발표하면서 동인문학상, 대한민국문학상, 이상문학상, 이산문학상, 초암상, 인촌상 등을 받았다. 주요 작품으로 〈당신들의 천국〉, 〈별을 보여드립니다〉, 〈가면의 꿈〉, 〈남도 사람〉, 〈서편제〉, 〈시간의 문〉, 〈낮은데로 임하소서〉 등 헤아릴 수 없다. 당대의 가장 진지하고 지적인 작가로서 인간의 실존을 극명하게 묘사했다는 평, 언어의 진실과 말의 자유에 대한 집착이 언어사회적 관심으로 심화되고 있다는 평을 받았다. 사후에 금관문화훈장이 추서되었다.

임철우(1954~)는 광주가 키워 낸 소설가이다. 완도가 고향인 임철우는 5.18 민중 항쟁 때 투쟁하다가 죽어 간 친구에 대한 부채 의식에 늘 시달리는 깨어 있는 소설가이다. 그는 그 부채 갚기로서 소설을 써 왔는데, 그 대표적인 작품이 소설 〈아버지의 땅〉, 〈봄날〉, 〈사평역〉, 〈불임기〉, 〈이별 골짜기〉이다. 〈봄날〉은 5.18 민중 항쟁을 정면으로 다룬 명편이고, 〈동행〉은 그 민중 항쟁으로 인해 정신이상이 된 한 여인의 이야기를 형상화시킨 것이고, 〈이별 골짜기〉는 정신대로 끌려간 늙은 여인들의 신산한 삶을 조명한 소설이다. 그의 소설은 아름답고 슬픈 삶의 실존과 명증성(明證性)을 드러낸다는 장점을 가지고 있다.

소설가 이승우(1960~)는 전남 장흥에서 출생했는데 〈에리직톤의 초상〉으로 등단한 이래 장편 〈생의 이면〉으로 대산문학상, 〈나는 아주 오래 살 것이다〉로 동서문학상, 〈칼〉로 황순원문학상을 수상했다. 국내보다 해외에 더 많이 알려진 작가이다. 〈생의 이면〉이 프랑스에서 번역 출간된 이래 세계가 주목하기 시작했다. 프랑스의 노벨상 수상 작가 르 끌레지오(Le Clezio)는 한국에서 노벨상을 받는다면 이승우가 받아야 할 것이라고 말하기도 했다. 주요 작품으로 〈구평목의 바퀴벌레〉, 〈미궁에 대한 추측〉, 〈식물들의 사생활〉 등이 있다.

  시인 소설가들이 봄날의 꽃밭처럼 풍요로운 것은 아마 우람하면서도 무던하고 넉넉한 무등산과 광주를 싸고도는 영산강의 힘 때문일 터이다.
  광주에는 큰 화가들도 많다. 남종화의 태두인 소치 허련의 후예 의제 허백련, 남종화의 독자적인 세계를 개척한 수묵화의 달인 아산 조방원, 신화적인 그림을 그린 천경자, 의제 허백련 화백의 문하에서 절차탁마로 일가를 이루어 남도 수묵산수화 화단의 주요 작가로 활발한 작업과 화단 활동을 전개해 온 계산 장찬홍, 현대 인상주의 선각자인 오지호, 앙포르멜(추상미술의 한 경향)의 선구자인 양수아와 강용운, 수채화의 선구자인 배동신, 그들의 뒤를 이른 강연균, 황영성, 우제길 장지환.
  광주 추상미술의 본거지는 옛 전일빌딩 옆의 술집 오센집이었다. 거기에 양수아, 강용운을 중심으로 한 젊은 화가들이 몰려들어 술을 마시고 예술적인 열정을 불태웠다.

  양수아(1920~1972)는 조선시대의 문인화의 거장이자 조광조의 벗이었고 조광조가 유배지인 화순에서 죽자 그의 시신을 거둔 일로 유명한 양팽손의 15세손이다. 젊은 시절에 진보주의자였던 양수아는 6.25 전쟁 때 지리산으로 들어가 파르티잔 활동을 한 화가로 유명하다. 그를 가리켜 한반도 격동기의 보헤미안 화가라고 한다. 보성에서 태어난 그는 일본에서 그림 공부를 하고 돌아온 다음 목포, 광주 등지에서 교편을 잡았다. 지리산에 들어가서는 이현상 부대의 문화 공작대에서 활동했는데 그는 총을 잡아 보지 않았다. 겨울철에 동상을 입어 한쪽 다리를 절름거렸고, 뜨거운 예술적인 열정만큼 술도 열정적으로 마시다가 술병으로 작고했다. 이성부 시인이 〈화가 양수아의 빗점골 회고〉라는 시를 써서 그의 삶과 예술을 추모하고 기렸다.

> '낮에는 조릿대밭에 엎드려 죽은 듯 포스터를 그리고 글씨를 쓰고 숨죽이며 울었다. 밤이 되면 조심스럽게 마을 뒤로 맴돌다가 빈집이나 상여집 같은 데를 뒤져 헤매는 짐승처럼 눈에 불을 밝혔다……'

그림을 통해 도인의 경지에 이른 의제 허백련은 남도 땅에 남종화를 더욱 아름답게 심화시켰으며 많은 제자를 양성하고, 의제화단을 형성시켰다.

배동신의 후배인 강연균은 광주 유일무이의 수채화가이다. 그의 수채화는 유화 못지않은 힘을 가지고 있는데, 그의 필치는 싱싱하고 아름다운 누드에서 시작하여 인간의 생명력까지를 치열하게 형상화시킨다.

우제길은 창세기의 빛을 통해 아름다움과 보석 같은 혼을 담아 내는, 우직한 듯하면서도 듬직한 작가이다.

황영성은 독특한 색감으로 동화적이면서도 신화적인 자기 세계를

••• 의제기념관에 있는 의제가 쓰던 붓들이다. 의제 허백련은 남도 땅에 남종화를 더욱 아름답게 심화시켰으며 의제화단을 형성시켰다.

구축해 나간다. 비구상으로 시작된 장지환의 그림은 만년에 들면서 구상적인 맛을 더하면서 자기만의 환상적인 세계를 구축하고 있다.

장성호에서
황룡리까지

　장성 하면 황룡강이 떠오르고, 황룡강 하면 장성이 떠오른다. 황룡강을 보러 장성으로 간다. 황룡강은 담양의 몽성산 용흥사 계곡에서 발원하여 장성의 북하면 약수리를 거쳐 장성호에 담겼다가 장성들판을 적시고 흘러 장성읍과 황룡면 사이를 관통하는데, 그 과정에서 삼계면 함동저수지 쪽에서 흘러온 평림천을 받아들인다.
　장성 사람들은 허균의 소설 속에 등장하는 '홍길동'이 실제 인물인데, 장성에서 나고 자라 그러한 의기의 인물이 되었다고 주장한다. 그들은 홍길동을 장성의 대표적인 상표로 활용하고 있다. 장성 땅 도처에 홍길동 캐릭터를 만날 수 있다. 나는 진즉 장성 사람들이 만들어 놓은 '홍길동의 생가 터'를 탐사한 바 있다.

　대하소설 〈동학제〉를 쓰기 위하여 현장 답사를 하느라고 장성엘 갔고, 이후에는 서원(書院) 탐사를 하기 위해 갔다. 세계적인 영화의 대부인 임권택 감독과 만나면서 장성이 제2의 고향처럼 친밀해졌다.
　임권택(1936~) 감독은 하서 김인후와 노사 기정진 이후 가장 두드러

굽이쳐 흐르는 황룡강의 모습.
장성 하면 황룡강이 떠오르고, 황룡강 하면 장성이 떠오른다.
황룡강은 담양의 몽성산 용흥사 계곡에서 발원하여 장성들판을 적신다.

지게 두각을 드러낸 장성의 문화적인 인물일 터이다. 그는 장성읍에서 나고 자랐는데, 고향에 대한 자부심이 대단하다. 그는 1962년 영화 〈두만강아 잘 있거라〉로 감독으로 데뷔하였고, 1987년 〈씨받이〉로 아시아태평양영화제에서 감독상·작품상을 수상하였다. 〈아다다〉로 몬트리올영화제, 〈아제 아제 바라아제〉로 모스크바영화제에서 여우주연상을 이끌어 냈고, 〈서편제〉로 상하이영화제에서 감독상을 수상했으며, 1996년에는 임권택영화제를 개최하였다. 또 1988년에는 서울올림픽 흥행 영화 〈손에 손 잡고〉를 감독하였고, 서울올림픽 공식 영화 〈88 서울의 신화〉 총감독을 맡았다. 1990년에는 독일 텔레비전에서 〈길소뜸〉이 방영되었고, 1993년에는 칸영화제에서 '임권택 주간'이 설정되기도 했다. 조선 후기의 화가 장승업의 일대기를 그린 〈취화선〉으로 제55회 칸영화제(2002년)에서 감독상을 받았다. 부산에 임권택영화학교가 설립되었고, 고희를 넘은 지금도 영화감독으로 활동하고 있다.

　임감독이 내 소설 〈불의 딸〉, 〈아제아제 바라아제〉를 영화화하면서, 임감독과 나의 인연은 시작되었다. 진도에서 촬영을 할 때 현장에서 점심을 먹는데, 무슨 된장국인가가 나왔다. 내가 그것이 무슨 국이냐고 묻자, 그는 나를, 아욱국도 모른 섬사람이라고 비하했다. 그날 저녁에 생선회를 먹으면서 나는 그에게 복수를 했다. 당신은 장성 산중에서 기껏 붕어찜만 맛들이며 자랐는데 바다의 생선회의 맛을 알겠느냐고. 그는 나에게 몇 살 때 기차를 보았느냐고 농을 걸었고, 나는 기차보다 비행기를 먼저 보고 자랐다고 대꾸했다.

장성호의 물을 보고 싶어 갔는데, 호반의 문화 공원에 임권택 감독의 동상이 있었다. 동상은 짙푸른 호수를 내려다보며 앉아 있었다. 나는 동상과 어깨동무를 한 채 사진을 찍었다. 마치 임감독과 함께 여행을 하는 듯싶었다.

오래지 않아 장성호 호반에 임권택시네마공원이 조성된다고 한다. 그 공원에는 임권택 감독의 상설 전시 공간과 영화 상영관, 멀티미디어실 등을 갖춘 임권택박물관과 옥외 전시장 체험 교육장이 들어선다.

호반 옆의 동산은 시비와 그림 비석들이 가득 세워져 있는 예술 공원이다. 누각 위에 올라가서 사방을 둘러본다. 서울로 통하는 갈재 위쪽으로 입암산과 백암산이 솟구쳐 올라 있다.

용흥사 계곡에서 흘러온 개천과 입암산 북이면에서 흘러온 개천은 모두 장성호로 들어간다.

장성 갈재로 가는 길에는 합환화(合歡花) 나무들이 부채꼴의 연분홍 꽃들을 피어 올린 채 나를 반겼다. 그것은 '자귀꽃나무'라고도 하는데, 집 안에 심으면 그 꽃의 고혹적인 향기가 부부금슬을 좋아지게 한다고 알려져 있다. 부채춤을 추는 미희들이 손에 든 꽃술 달린 부채 모양새의 꽃.

안내를 자청한 지방신문의 고광춘 기자는 갈재 입구의 옛날 옛적 주막 터를 보여 주었다. 그것은 정읍으로 가는 고속도로와 기차의 터널 옆에 있었다. 그가 주막 터의 한 곳을 가리키며 말했다.

"저기에 전설 속에 나오는 '갈애 아씨'의 생가가 있었을 것으로 추정됩니다."

그는 길 동남쪽 산 위의 바위를 가리키며 갈애바위 전설을 이야기했다.

주막집 딸인 갈애 아씨는 절세의 고혹적인 미인이었다. 그녀를 보고 반하지 않는 남자가 없었다. 갈재는 당시 국도였으므로 노령산맥 이남의 선비들은 갈재를 넘어 과거를 보러 갔고, 서울에서 지방관으로 발령받은 관리들도 그 재를 넘어 부임했다. 그들은 모두 갈재 밑의 갈애 아씨네 주막에서 출출한 배를 채우곤 했다. 갈재에서 조금 떨어진 곳에 원(지방으로 출장 나오는 관리들이 머무는 숙소)이 있었다.

한 젊은 지방관이 새로 부임하다가 주막집의 갈애를 보자마자 뇌쇄되고 말았다. 그는 고을의 정사를 돌보지 않고 갈애와 사랑에 빠졌다. 그 소문을 들은 임금이 어사를 보내 응징하게 했다. 한데 그 어사마저 갈애의 치마폭에 빠져 버렸다. 화가 난 임금은 선전관을 내려보냈다. 선전관은 갈애를 보자마자 눈 딱 감고 칼을 뽑아 내리쳤다. 갈애의 혼령이 날아가 갈애바위가 되었다. 그 갈애바위에는 천 년이 지난 지금도 고혹적인 눈썹이 선명하게 박혀 있다.

원이 있던 마을은 원덕리로 불린다. 그 마을에 신통한 미륵불이 있다. 키가 3m쯤인 미륵불은 대구의 팔봉산의 갓바위처럼 사각의 모자를 쓰고 서 있다. 그 미륵불을 모시는 조그마한 암자가 있다. 암자에는 대처승 부부가 기거한다. 미륵불 옆에는 주황색의 능소화가 바람벽을 타고 올라가며 웃고 있다.

국도 1호선 가장자리에는 벚꽃나무와 애기단풍나무를 번갈아 가며 심었다. 그것을 '퐁당퐁당 가로수'라고 표현한다. 봄에는 눈송이처럼 흰 벚꽃을 보자는 것이고, 가을철에는 붉은 단풍을 보자는 것이다.

고 기자는 명당자리를 이야기한다.

"장성군 북하면은 노령산맥의 끝자락에 있는 고을입니다. 나무의 열매가 세력 강한 나뭇가지에 열리지 않고, 세력이 약해진 가지 끝에 열리듯이 산맥의 끝자락에 명당자리가 있답니다. 그래서 전국의 풍수지리에 밝은 지관들이 불태산 인근에 몰려들어서 명당자리를 찾으려고 안달을 한답니다. 그런데 아직 아무도 진짜 명당을 찾지 못하고 있답니다."

그 말을 듣고 나니 내 눈에 명당자리가 보이기 시작했다. 명당 아닌 자리가 없다 싶었다. 여기 이 언덕배기도 명당일 듯싶고 저기 저 산록도 명당일 듯싶다.

고 기자는 나를 황룡강변의 요월정(邀月亭)으로 안내하면서 축령산 자랑을 한다.

"장성의 편백나무 숲은 국내 최대 최고의 것입니다. 779ha의 드넓은 편백나무 숲과 삼나무 숲에서 뿜어내는 '피톤치드' 향이 최고로 진합니다. 숲의 건강과 공기 정화를 위해서 축령산에서는 차량 통행을 금지합니다. 장성군과 지방산림청이 총 사업비 27억 원을 들여 여의도 면적 3분의 1만한 축령산 자락을 치유의 숲으로 조성했어요. 삼림욕을 하려는 관광객들, 각종 암과 아토피와 천식을 치유하려는 사람들이 몰려듭니다."

내가 장흥 사람인 것을 안 고 기자는 장흥군수에 대한 이야기를 한다.
"이명흠 장흥군수가 아주 영리합니다. 재빨리 장흥 억불산 밑에 있는 편백나무 숲에다가 '누드 삼림욕장'을 만들었어요. 아마 굉장히 잘 될 것입니다."
장성호의 물을 받은 황룡강은 남으로 흘러간다. 요월정 앞에 이르렀을 때, 고 기자는 황룡강 주위에는 큰 인물이 많이 난다고 말한다.
"인물이 많이 나서 황룡강이어요."
황룡강이어서 인물이 많이 나는가, 인물이 많이 나서 황룡강인가. 황룡(黃龍)은 황색인 용이란 뜻도 있지만, 생명력이 왕성한 용이라는 뜻이다. '황(黃)'은 땅 속에서 생명이 솟구쳐 오른다는 뜻의 글자이다.
요월정 마루에 걸터앉아 무성한 백일홍나무 숲 사이로 앞에 펼쳐진 들판을 내려다본다. 요월이란 '달을 청하여 맞이한다'는 뜻이다.
이 정자를 지은 사람은 김경우(1517~1559)이다. 조선 명조 때에 공조좌랑을 지낸 김경우는 말년에 낙향하여 황룡강이 굽이쳐 흐르는 절벽 위에 이 정자를 짓고 소요하면서 제자 양성을 했다. 호순 김계두가 중건했는데, 당대의 명현 시인인 하서 김인후, 고봉 기대승, 송천 양응정이 이곳에서 풍월을 했으며 그 시들이 현판에 새겨져 있다.
후손 김경찬이 이 정자 주변 마을을 찬양하여 '조선 제일의 황룡마을'이라고 말했다. 그 소문을 듣고 고깝게 생각한 임금이 그를 불러 물었다.

"장성 황룡마을이 조선의 제일이면 짐이 살고 있는 한양은 무엇이냐?"

김경찬은 깜짝 놀라 부복하며 대답했다.

"상감께서 사시는 한양은 천하제일입니다."

"그렇다면 중국의 천자가 사는 자금성은 무엇이냐?"

김경찬이 대답했다.

"천자가 사는 곳은 만고의 제일입니다."

이리하여 그는 임금의 노여움을 면했다. 고 기자가 말한다.

"김황식 총리가 김경우 선생의 후손이고 황룡마을 출신입니다."

정자 아래에 강줄기가 있고, 맞은편에 옥녀봉이 있다. 탁 트인 황룡강변의 들판이 시원스럽다. 정자 주위로는 노송들과 100년 넘은 수령의 백일홍(자미목) 나무 60여 그루가 울창하다. 이 나무들이 꽃을 터뜨리면 아래의 강물에 꽃잎 그림자가 아롱거리고, 꽃이 지면 꽃잎이 떠서 흐를 터이다.

황룡강은 원래 요월정 아래를 새 을(乙) 자로 굽이돌아 흘렀었다. 한데 오래 전에 강의 직선화 사업을 할 때 강을 들판 한가운데로 흐르게 했다. 사람들은 그것을 후회하고 정자 아래에 호수를 만들어 놓았다. 정자 모퉁이에는 '문숙공파 종회각'이라는 현판이 붙어 있는 기와집 한 채가 앉아 있는데, 그곳에 나이 지긋한 시인 이수월 여인이 홀로 살고 있다. 얼굴에 주름살이 깊은 그녀가 아이스크림을 가지고 나와서 대접하며 말한다.

"비어 있는 이 집이 하도 좋아 서울에서 하던 카페를 치워 버리고 이리로 이사를 왔어요. 달이 뜨면 얼마나 좋은지 아셔요?"

백일홍은 세 차례에 걸쳐 백 일 동안이나 핀다. 그 꽃이 피고 달이 밝으면 정말 환상적일 터이다. 그녀의 웃음은 꽃 너울 속의 만월처럼 아름답다.

점심때가 되었을 때 고 기자는 정성호 제방 아래의 한 식당으로 안내했다. 메기찜을 먹었다. 메기는 비늘이 없는 대신 피부에 미끄러운 액체를 지니고 있는데 그것이 고단백이다. 사람의 몸에 좋으므로 메기의 미끄러운 피부를 씻지 않고 요리를 한다. 메기 살코기에는 비타민이 많고 단백질과 철분이 많아, 빈혈 치료, 당뇨병과 복막염에 효험이 있다. 몸의 부기를 빼고, 소변을 잘 보게 하므로 해산한 여자에게 특히 좋은 식품이다. 수염이 아주 길기 때문에 영어로는 고양이 고기(Catfish)라고 한다. 입 안에서 살살 녹는 고소하고 달콤한 맛이 상쾌하다. 운동량이 많은 꼬리와 머리가 맛있다. 임권택 감독이 카메라 헌팅을 하러 가는 길에 동행한 적이 있는데 그때 충청도의 한 식당에서 이 메기 매운탕을 먹었었다. 메기를 먹으면 예술적인 감수성이 탁월해지는 것인가. 매운탕으로 먹을 때와는 또 다른 맛, 장성 황룡강의 맛이다. 이것은 최고의 호사이다.

고 기자는 축령산의 꿩 샤브샤브를 자랑한다. 다음에 오시면 축령산 휴양림에서 그것을 대접하겠다는 것이다.

땀을 많이 흘린 만큼 여름철 보양식으로 최고라는 메기찜으로 든든하게 배를 채우고 황룡 전적지를 찾아간다.

황룡강은 장성읍을 옆에 끼고 흐른다. 정성호 쪽에서 흘러온 이 강은 장성읍과 황룡면 사이에서 직선화되어 있다. 여기에서 강은 제법 강답게 질펀한 모습을 띠고 있다. 바람결에 일어나는 잔물결이 햇살을 되쏜다. 한데 그 어떠한 새들도 보이지 않는다. 30년 전에 내가 동학 전적지를 탐사하려고 왔을 때는 가을철이었고, 이 강물에 오리들이 헤엄을 치고 있었는데.

동학농민군 지도부에서 전봉준의 참모 노릇을 한 오지영의 기록에 의하면, 동학농민군이 1894년 4월 고부, 정읍, 태인을 거쳐 장성 갈재를 넘어와서 황룡강변에 늘어 앉아 점심을 먹고 있었는데, 뒤따르던 관군이 포를 쏘며 선제공격을 했다.

그때 동학농민군은 군세를 불리기 위하여 장거리 시위 행군을 하는 중이었다. '보국안민', '동도대장', '척양척외'라는 기치를 앞세운 동학농민군이 지나가면 농민들이 죽창을 만들어 들고 뒤따라 붙곤 했다. 동학농민군 지도부는 뒤따르는 그들을 새 부대로 편성하였다. 장성을 거쳐 함평, 영광, 무안, 강진, 장흥, 보성을 거치면서 세를 불린 다음 전주로 올라가 전주의 전라감영을 접수할 심산이었다.

동학농민군들을 뒤따르는 관군은 500명쯤이었고, 총과 포로 무장하고 있었다. 관군을 이끄는 부대장은 홍계훈이었다.

홍계훈(?~1985)은 임오군란 때 고종 임금의 아내, 명성황후를 등에 업어 피신시킨 공적으로 승진을 한 사람이었다. 관군은 자기들의 신식 총포가 동학농민군의 화승총이나 죽창에 비하여 기능이 탁월함만 믿고 과감하게 선제공격을 했다. 홍계훈은 포를 쏘면 동학농민군들이 혼비백산하리라고 생각했다. 한데 그것은 착오였다.

　동학농민군은 무기가 열악하지만 사기만은 충천했다. 선제공격을 받은 동학농민군은 신호리 숲 속에서 포대를 설치하고 공격하는 관군을 향해 진격했다. 총탄이 쏟아지는 것을 무릅쓰고. 장성 갈재에서 무안, 함평 쪽으로 뻗은 비좁은 당시의 국도는 황룡면 신호리 옆을 지나고 있었다.

　동학농민군은 닭의 장태를 밀면서 관군을 향해 진격했다. 닭의 장태는 대나무를 쪼개 드럼통처럼 엮어 만든 것으로 일종의 장갑차의 역할을 한 것이었다. 오지영은 그의 책에서, 닭의 장태를 창안한 것이 장흥 접주 이방언이라고 적었다.

　동학농민군은 "시천주 조화정 영세불망 만사지"라는 주문을 외면 총알이 비껴간다는 믿음을 가지고 있었으므로, 관군을 무서워하지 않고 공격했다. 동학농민군이 벌떼처럼 밀고 나아가자 관군들은 포를 버리고 도망을 쳤다. 동학농민군들은 도망치는 그들을 뒤쫓아 가며 공격을 했다.

　관군의 지휘관의 한 사람인 이학승 대위는 동학군들의 죽창에 찔려 죽었고, 동학농민군은 관군과의 첫 번째 전투에서 대승을 거두었다.

　동학농민군의 그 전적 기념탑이 신호리 전투 현장에 세워져 있다. 하늘을 찌를 듯한 죽창을 한가운데 세우고, 탑의 앞부분에는 대로 만든 닭의 장태를 굴리는 동학농민군의 모습을 조각해 놓았다. 1994년의 동학농민혁명 100주년 기념사업으로, 1997년에 이 공원을 조성하고 이 탑을 세운 것이다.

　이 황룡강변의 전투의 승리는 동학농민군의 사기를 북돋워 주었고, 당시의 정부 지도자들에게 동학농민군의 불굴의 의지를 확인시킨 것이었다. 동학농민군은 마침내 전주로 진격하여 전주화약을 이끌어 냈다.

　전주화약은 정부군과 동학농민군 사이에 이루어진 화해의 약속을 말한다. 정부는 동학농민군이 요구하는 모든 폐정의 개혁을 들어주고, 정부 스스로의 힘으로 해결할 수 없는 그 일들을 동학농민군들이 지방 행정에 참여하여 해결한다는 조건이었다.

　호남의 각 지방에서는, 전주에서 돌아간 동학농민군의 접주들이 각 군과 현의 지방관(원님)과 더불어 농민들의 불만을 해소시켜 주었다.

　하늘을 향해 위용을 드러내 보이는 전적 기념비에서 별로 멀지 않은 곳, 기념 공원의 권역 밖의 토란 밭둑에, 그때 순직한 관군의 부대장 이학승 대위의 순의비가 초라하게 서 있다. 그 비석 뒤편에는 최익현이 쓴 비문이 비바람에 씻겨 희미해져 있다. 역사의 강줄기 밖으로 밀려나 잊히고 있는 시간은 이렇듯 쓸쓸하고 비참할 수가 없다.

　나는 고 기자에게 말했다.

　"동학농민군을 의(義)를 위해 봉기한 것으로 여긴다면, 저 이학승 대위는 충(忠)을 위해 목숨을 바친 것으로 대접해 주어야 하지 않을까요?"

　장흥에는 '영회당'이라는 사당 하나가 장흥 남산의 남쪽 기슭에 초라하게 서 있다. 그것은 대한민국 안에 남아 있는 유일한, 동학농민군을 상대로 싸운 수성군을 초모하려고 그 후손들이 세운 것이다. 그 수성군은 박헌양 장흥부사와 90명에 가까운 아전들이었다. 그들은 동학농민군들이 장흥성 안으로 밀려들자 도망치지 않고 기꺼이 옥쇄한 것이었다.

장흥군의 동학농민혁명기념사업회는 앞으로 동학농민군을 추모하고 기리는 사업과 함께 영회당도 확충하는 사업을 하려 하고 있다.

1894년 이후 100년 동안, '동학란'으로 불리던 것이 이제는 '동학농민혁명'으로 불린다. 역사는 그냥 기록되는 것이 아니고 민중들의 의지에 의하여 창조되는 것이다. 누군가가 그랬다. 민주주의는 피를 먹고 성장 발전해 왔다고.

동학농민군의 후손들은 100년 동안(일제강점기, 이승만 정권, 박정희 정권, 전두환·노태우 정권 하에서) 역적질을 한 후손처럼 엎드린 채 숨도 크게 쉬지 못한 채 살아왔다. 그것을 김대중 대통령과 노무현 대통령 시절에 바꾸어 놓았다. 동학농민군에 가담한 모든 사람들을 국가를 위하여 순절한 의로운 선인으로 대접한 것이다. 나라가 위태한 때 나라를 바로 세우려고 목숨을 걸고 봉기한 의병처럼.

역사를 바라보는 시각이 그렇게 확연히 달라진 것이다.

이제는 동학농민군과 맞서 총부리를 겨누고 싸운 수성군들이 화해를 해야 하고, 그들 양쪽의 후손들도 화해를 해야 하는 시점 아닌가.

황룡강변에 가서
학문 자랑 말라

　장성에는 산들이 드높다. 병풍처럼 둘려 있는 그 산들은 하늘을 가리는 지붕 같고 성벽 같다. 그 산들처럼 유학이 무성했다. 장성 땅에 들어서면 나는 주눅이 든다. 유학의 무성한 숲에 고산서원, 필암서원, 봉암서원이 우뚝우뚝 서 있다.
　고산준령 같은 학문과 고고하게 산 군자들의 의기가 서원 안에 화석처럼 내장되어 있다. 서원은 비가시적인 선비들의 자기 깨달음(正心)과, 나라와 사회를 광정하겠다는 정신과 유학의 산맥을 가시적으로 보여 주는 집이다. 그 학맥은 백두대간처럼 굽이굽이 이어진다. 백두대간에는 크고 작은 산봉우리들이 포도송이처럼 주저리주저리 달려 있다. 그 한 개 한 개의 산은 나름대로 터득하고 실천한 정심의 거대한 보석덩이들이다. 장성에 가서는 선조들의 학문 자랑하지 말 일이다.

　장성군 황룡면 필암 마을의 필암서원으로 간다. 필암서원이 있어서 필암마을이다.
　필암서원에 이르자마자 특이한 대문을 만난다. 누각처럼 지은 확연루(廓然樓)라는 대문이다. '확연'이란 '크고 넓고 텅 빈 모양', '마음이 크고 넓고 거리낌이 없는 모양'이란 뜻을 가진 말이다. 태허, 혹은 허적에서 발원하는 무극, 즉 태극의 시원을 뜻하는 말이다.

확연루는 매우 권위적이다. 2층으로 된 3칸의 누각 같은 거대한 대문으로 서원의 마당을 가려 놓은 채, 그것을 '우주보다 더 크고 넓은 텅 비어 있는 누각'이라고 말하는 데에 나는 얼떨떨해진다. 약간의 답답함과 두려움을 느낀 것이다.

대문을 겸한 2층 3칸의 확연루는 서원의 위용을 한껏 드러내 보인다. 1층과 2층의 삼간의 문을 모두 활짝 열어젖힐 수 있게 해 놓았는데, 문에는 거대한 태극 문양을 빨간색과 파란색으로 동그랗게 꽉 차게 그려 넣었다. 만물이 생성 전개되는 근원을 일원으로 보는데 이것을 태일·대일·태극 등으로 일컫는다. 이 일원에서 이(理)와 기(氣)·오행·우주 만물이 조화롭게 생성한다는 뜻이다.

필암서원의 구조야말로 유학의 정체성을 가장 잘 가시적으로 드러내는 집이다.

인류는 유사 이래 굴을 파서 인간의 몸과 영혼을 가두고, 그릇(관념)으로써 일용품과 생각을 담기 시작했다. 동시에 이념과 사상을 만들어 그 속에 자신을 가두면서 살기 시작했다. 스스로를 가장 확실하게 가두도록 가르친 학문이 유학일 터이다.

확실하게 가두기 위해서는 사방의 담이 필요하고 우람한 대문이 필요하다. 무극에서 태극으로, 시원에서 영원으로 나아가는 어짊(仁)은 우주적인 순리이고, 그 순리는 최고의 착함이므로 적이 없을 터이다. 공자 맹자의 가르침의 요체인 어짊은 전라도 사투리로 말한다면 '백성을 짠하게 생각하는 마음'이다. 가장 순수한 애린의 감정이다.

그런데 서원은 왜 권위적인 드높은 담과 우람한 대문을 필요로 하는가.

고종의 아버지인 흥선대원군은 정권을 움켜쥐자마자 왜 나라 안의 많은 서원들을 철폐했을까. 착함과 어짊이라는 자기 이념을 권위적으로 무장한 서원을 운영하는 사람들은 백성들 위에 군림했었고, 서원 운영비를 마련하기 위해 근동의 백성들을 착취하는 호랑이가 되어 있었다. 정부는, 그 호랑이들(서원) 때문에 국가 세금을 거두어들일 수 없을 지경이 되었던 것이다.

모든 이념은 스스로를 순수하게 보존하려 하고, 그것을 손톱만치라도 손상시키는 힘을 용납하려 하지 않는다. 자기들의 이념이 손상되면 삶 자체가 찌그러진다고 생각했다. 그리하여 손상시키려는 기미가 보이는 모든 것을 이단, 혹은 사문난적이라고 하여 귀양을 보내기도 하고 죽이기도 했다. 송시열은 윤휴를 그리하여 죽였다.

순수라든지 자유라든지 민주라든지 공산이라든지, 그 이름이나 이념이나 주의 주장은 얼마나 황홀한 것인가. 한데 그것이 교조주의적으로 나아갔을 때 그것은 얼마나 무서운 흉기가 되는가.

오늘날 비가시적인 거대 박물관 속에 박제화되어 유폐된 모든 서원은 지금 우리들에게 많은 것을 가르쳐 준다.

  우리들의 삶은 순수해져야 한다. 드높은 담을 헐어 내고 누구든지 드나들 수 있도록 대문을 활짝 열어 개방해야 한다. 지나침은 부족함만 못하다. 위엄과 두려움이 넘쳐나는 착함이나 어짊은 이미 착함과 어짊이 아니다.

  필암서원은 하서 김인후 선생을 주향하고 문하의 학자들을 배향한 서원이다. 하서 김인후 선생은 송순에게서 학문을 배우고 퇴계 이황과 교유하며 당시 세자였던 인종을 가르친 큰 산 같은 학자였다. 동굴처럼 뚫린 확연루 아래를 지나 마당으로 걸어 들어가면 학생들에게 강학을 하던 청절당이 있고 경장각과 문서를 보관하는 장서각이 있다.

용은 짧고 호랑이는 길다

　황제의 위용과 군사적인 우위를 등에 업고 온 청나라의 사신들은 늘 까다롭게 굴어 조선 조정의 대신들을 괴롭히곤 했다.
　그들이 '용은 짧고 호랑이는 길다(龍短虎長)' 라는 글귀를 내놓고 그에 합당한 대귀를 마련하라고 말했다. 청나라 사신을 접대하는 벼슬아치들은 당황하지 않을 수 없었다. 용의 몸뚱이는 뱀처럼 생긴 것이므로 기다란 것이고, 호랑이의 몸통은 네발짐승이므로 뭉툭한 것이지 않는가. 그런데 청나라 사신들은 이치에 맞지도 않는 문제를 내놓고 있었다.

　'용은 짧고 호랑이는 길다' 라는 문제.

　사신들을 접대하는 벼슬아치들은 그것을 들고 조정으로 달려갔다. 그러나 조정 대신들 가운데 그 어느 누구도 그 뜻을 알지 못했으므로 쉽게 대귀를 내놓지 못했다. 그것은 조정을 발칵 뒤집어 놓았다. 만일 대귀를 내놓지 못하면 조선의 학문 부재를 드러내는 셈이 되는 것이었다.

내로라하는 대신들이 머리를 맞대고 숙의를 거듭했지만 문제를 해결할 수 없었다.

마침내 한 대신이 전라도 장성의 노사 기정진에게 물어 해답을 얻도록 하자는 의견을 내놓았다. 말 잘 타는 벼슬아치 한 사람을 장성으로 내려보냈다. 노사 기정진은 그 벼슬아치가 내놓는 글귀를 보자마자 곧바로 대귀를 써 주었다.

'그림을 그리면 둥글고 글로 쓰면 네모가 난다(畵圓書方).'

심부름 온 벼슬아치가 그 뜻을 알아차리지 못하고 "이것이 무슨 뜻이옵니까?" 하고 물었다.

노사 기정진이 말했다.

"용은 짧고 호랑이는 길다는 것은 해(日)를 말하는 것이다. 해가 용(辰) 방향에서 뜨는 겨울에는 그것(해)의 길이가 짧고 호랑이 방향(寅)에서 뜨는 여름철에는 그것의 길이가 길지 않느냐?"

접대하는 대신이 청나라 사신에게 정답을 내놓자, 사신은 "아하, 조선에도 이렇게 어려운 문제를 푸는 선비가 있구려!" 하고 탄성을 질렀다.

이 사실을 한 사람들은 이렇게 말했다.

"서울 장안의 만 개가 넘는 눈들이 전라도 장성의 눈 한 개만 못하구나!"

103

노사 기정진은 한쪽 눈이 장애였던 것이다. 그 노사 기정진(1798~1879)을 주향으로 하고 그 문하의 학자들을 배향하는 사원이 장성군 진원면 고산리에 있는 '고산서원'이다.

노사 기정진은 성리학에 밝았다. 노사를 조선 성리학의 6대가라고 이르는데, 노사는 기(氣)의 독자성을 부정하고 기의 운동 자체도 이(理)의 명령에 따라 이루어진다(주리설〔主理說〕)고 주장했다.

너브실에서
송대동의
두물머리까지

　장성을 뒤로 하고 황룡강의 줄기를 따라, 백우산 아래 너브실의 월봉 서원을 찾아간다.
　한 선비가 어느 날 벗이 보고 싶어 백 리 길을 걸어서 갔다. 한데 벗은 멀고 먼 한양엘 가고 없다. 벗의 아들이 공손히 선비를 맞았다. 예로부터 아버지가 부재중일 때는 아들이 아버지의 손님을 대접하는 법이다. 술대접을 하기도 하고 말 상대를 해 드리기도 하고, 바둑을 두어 드리기도 하는 것이다. 선비는 벗의 아들과 술상을 가운데 놓고 마주 앉았다. 선비는 벗의 아들이 따라 주는 술을 혼자만 마실 수 없었다.
　"너도 한 잔 하여라."
　서로의 속에 술이 들어가게 되면 파탈(擺脫)이 이루어지는 것이다. 파탈이란 계급 차이, 나이 차이 따위를 모두 허물어 버리고 어울린다는 것이다. 선비는 벗의 아들에게 "요즘 무슨 책을 읽는가" 하고 묻고, 아들이 대답하면 "그 책 속의 이런 대목을 어찌 생각하는가" 하고 묻는다. 이미 많은 책을 읽은 아들은 유창하게 대답을 하고 선비는 무릎을 친다. 선비는 벗의 아들의 학문이 아주 깊고 주의 주장이 자기와 같음을 알아차린다. 두 사람은 밤새도록 학문에 대한 이야기를 한다. 고봉 기대승과 퇴계 이황처럼 이기에 대한 이야기를 하기도 한다. 그리고 각자가 터득한 정심(正心 : 삶의 구경)을 서로에게서 증명받기도 한다. 공자는 자기를 진실로 알아주는 자를 위하여 목숨을 바친다고 했다. 벗을 찾아간 선비와 벗의 장성한 아들은 똑같이 흐뭇해하며 잠자리에 들었다.

선비가 자기 집에 돌아와 있는데, 어느 날 문득 벗의 아들이 찾아왔다. 근처의 마을에 친지가 있어서 왔다가 어르신을 뵙고 가는 것이 도리일 듯하여 찾아왔다는 것이다. 선비는 자기의 벗보다 오히려 그의 아들을 더 극진하게 대접을 한다. 술상을 들여 놓고 대작을 하고, 전에 다하지 못했던 학문에 대한 논의를 한다. 얼근해지자 시를 짓기도 하고, 시에 곡을 붙여 노래를 하기도 한다. 벗의 아들이 근처에 친지가 있어 왔다가 들렀다는 것은 거짓말이고, 아버지의 벗인 선비에게서 새로이 자기의 학문에 대한 성취를 증명받고 싶어서 온 것이었다.

참답게 학문을 하는 선비들은 이와 같이 세대를 초월하여 교유를 했던 것이다.

광산에 살던 고봉 기대승(1527~1572)이 멀고 먼 길을 걸어서 담양의 면앙 송순을 찾아다닌 것은 스승과 제자를 떠나 서로에게서 정심을 증명받기 위한 것이었을 터이다.

나는 월봉서원 빙월당에서, 고봉 기대승과 퇴계 이황이 서로 주고받은 뜨거운 논의와, 그들이 주고받은 사랑과 신뢰의 향기를 확인한다.

백우산 아래 서향으로 자리 잡은 월봉서원은 주변에 울창한 송림이 우거져 있다. 사당, 빙월당, 장판각, 내삼문, 외삼문이 있고, 사당과는 담장을 둘러 내삼문을 구획으로 사당으로 통하게 하였다. 사당과 강당인 빙월당과는 2단으로 구획하고 두 영역을 계단을 통하여 오르게 하였고 좌우에 장판각을 두었다.

강당인 빙월당은 정면 7칸 측면 3칸의 팔작집이고, 안쪽으로 좌측 2칸은 온돌을 깔았고, 3칸은 대청마루를 우물마루 형식을 빌어 깔았다.

실사구시를 표방했던 다산 정약용은 "스님들은 마음의 허령함을 얻기 위해 하는 참선을 사업으로 삼지만, 유학자는 사업을 통해 정심(正心)에 이른다"고 말했다. 정심은 도(道)이다. 어제 태어났지만 오늘 아침에 도를 터득했다면 그 사람이 내 선생이라고 공자는 말했다. '선생'은 선각자라는 말이다. 수천 권의 책을 읽었다고 해서 도를 다 아는 것은 아니다. 오직 깨달은 자만이 거기에 이른다. 깨달은 순간의 환희심을 혼자서 품고 있을 수 없다. 그것을 누구인가에게서 증명받아야 한다. 자기의 깨달음을 증명해 줄 사람을 찾아 천 리 길도 찾아갔다.

젊은 고봉 기대승은 스승인 퇴계 이황과 더불어 사단(측은한 마음, 부끄러워하고 미워하는 마음, 사양하는 마음, 옳고 그름을 가리는 마음)과 칠정(기쁨, 노여움, 슬픔, 즐거움, 사랑, 미움, 하고 싶은 욕구)을 주제로 8년 동안에 걸쳐 논쟁을 벌였다. 편지로써.

퇴계는 우주의 현상을 이(理)와 기(氣) 이원(二元)으로써 설명했지만, 고봉 기대승은 "이는 기의 밖에 있는 것이 아니고 기가 넘치거나 모자라지 않게 스스로 발현된 것이 이의 본래 모습임을 알아야 하겠습니다" 하고 주장했다. 고봉과 퇴계는 서로 다른 주장을 하고 상대의 이론을 공박하고 자기 논리의 올바름을 편 것이지만, 따지고 보면 그것은 일종의 자기의 깨달음 증명받기의 한 가지였다.

그러므로 고봉 기대승은 우승지 시절에 임금에게 퇴계를 임금의 스승으로 우대할 것을 주청했고, 퇴계는 벼슬을 그만두고 물러나면서 임금에게 고봉 기대승을 중용하도록 천거했던 것이다. 26세 연하인 고봉과 아버지뻘인 퇴계가 주고받은 편지글의 정중함과 대쪽처럼 굽힘 없는 주장과 예절 지키기가 나의 가슴을 뜨겁게 한다.

고봉 기대승을 주향하고 많은 조선조의 학자와 명신들을 배향한 월봉서원의 강당 이름이 빙월당(氷月堂)이다. 이 현판은, 세종 임금에 못지않도록 학문이 깊은 정조 임금이 고봉 기대승의 고결한 학덕과 인품을 기리며 '빙심설월(氷心雪月)'의 뜻으로 하사했다.

달(月)이란 무엇인가.《원각경》에 '보라는 달은 보지 않고 왜 손가락만 보느냐'는 말이 있다. 빙심설월은 냉철한 탐구심과 진리를 말한다.

다산 정약용은 혜장 스님과 주고받은 편지와 시문을 모은 책의 제목을 '견월첩(見月帖)'이라고 했다. 여기서도 달은 진리를 말한다.

월봉서원을 등지고 돌아서는 내 가슴에 안타까운 생각이 들었다. 퇴계 이황이 대접받고 있는 만큼 고봉 기대승은 세상으로부터 제대로 대접을 받지 못하고 있지 않는가 하는 생각으로.

너브실 기행에서 놓치면 한 되는 것이 기세훈 고택이다. 초대 사법원

월봉서원에서 펼쳐진 공연 모습.
오른쪽 누런 한복을 입은 사람이 퇴계 이황이고 푸른 옷을 입은 사람이 고봉 기대승이다.

기세훈 고택의 모습.
300년의 역사를 지닌 고택이면서도 대밭과 소나무와 각종 정원수들이 어우러져 있어 숲 속에 들어와 있는 듯 아늑하다.

장을 지낸 기세훈(1914~)은 고봉 기대승의 13세손이다. 3,500평의 널 따란 터에 자리 잡고 있는 기세훈 고택 애일당(愛日堂)은 기대승의 6세손인 기언복이 숙종 때 터를 잡아 지은 집이다. 그 집은 고봉학술원으로 이용되고 있는데, 기세훈은 사재를 털어 그것을 도와주고 있다. 사랑채 뒤편으로는 700평의 대숲이 조성되어 있다.

 광주 전남 지방에는 '기고박'이란 말이 있다. 그것은 기씨, 박씨, 고씨라는 명문 집안을 한꺼번에 싸잡아 이르는 말이다. 기씨 집안이 명문으로 부상한 것은 고봉 기대승으로 인한 것이고, 고씨가 명문으로 등장한 것은 임진왜란 때 3부자가 함께 나라를 구하려고 몸을 던진 고경명, 동아일보 사장을 지낸 고재욱, 대법관을 지낸 고재호로 인한 것이고, 박씨가 명문으로 등장한 것은 문장과 학행으로 이름을 날린 눌재 박상, 육봉 박우, 육봉의 아들로서 영의정을 지낸 사암 박순을 배출했기 때문이다.

 기세훈 고택이 가진 특색은 전통의 무게와 자연의 향취가 조화를 이룬 것이라고 조용헌은 말한다. 300년의 역사를 지닌 고택이면서도 대밭과 소나무와 각종 정원수들이 어우러져 있어 숲 속에 들어와 있는 듯 아늑하다. 자연과의 조화뿐 아니라 이 고택에서는 고고한 선비 정신이 계승되고 있다.

 고택의 주인 기세훈은 일제강점기의 광주학생운동이 일어나던 해에 일본 와세다대학에서 수학을 하였고, 판사 시험에 합격했지만 창씨개명을 하지 않았으므로, 불령선인으로 낙인 찍혀 발령을 받을 수 없었다. 기세훈은 고봉 기대승의 후손답게 창씨개명을 하지 않은 것이다.

　광복 후 서울지법 판사, 광주지법 판사를 거쳐 광주지검의 차장검사를 지냈다. 차장검사 때는, 1948년 여순 사건 와중에서 경찰과의 갈등으로 인해, 좌익에 부역했다는 누명을 쓰고 경찰에 의해 총살당한 박찬길 검사 사건의 진상을 밝혀냈고, 좌익의 총지휘자로 지목된 장성 삼서의 칠순 노인을 집행유예로 풀어 주기도 했다.

장성에서 흘러온
황룡강과 담양에서 흘러온
영산강의 만남

    장성호 쪽에서 흘러온 황룡강은 광산구 송정리를 거친 다음, 광주시 광산구의 송대동과 용두동 사이에서, 담양과 광주로부터 흘러온 영산강과 합류하게 되면서 비로소 하얀 물너울의 질펀한 면모를 가지게 된다.

    영산강과 황룡강 두 줄기가 몸을 섞고 있는 현장을 보러 가기 전, 나는 송정동의 광산구청에서 내 제자인 문화관광과 김승연 과장을 만났다. 김과장의 안내를 받아 문화원으로 가는 길에 동상 하나를 발견했다. 한복 차림의 한 남자가 북을 치며 소리를 하고 있는 모습을 형상화한 것이다. 광산구의 김과장이 말한다.
    "임방울 선생의 동상입니다."
    나는 류복진 문화원장을 만나 임방울 생가가 어디에 있는지 물어보았다.
    나는 판소리를 즐겨 듣는데 임방울의 소리만 듣곤 한다. 임방울(1904~1961)은 백 년 만에 한 사람 나올까 말까 하는 천재적인 소리광대이다. 그의 소리는 타고난 미성을 바탕으로 한 천구성과 절차탁마로 인한 수리성과 귀곡성 같은 애원성이 특징이다.

그의 많은 소리들 가운데서 〈쑥대머리〉, 〈적벽가〉만을 두고 말하더라도, 젊은 시절 부른 것 다르고, 중년에 부른 것 다르고, 나이 많아서 부른 것 다르다. 전설처럼 들려오는 말에 의하면, 그에게서 소리를 배우려 한 제자들은 애를 먹었는데, 그 까닭은 어제 가르쳐 준 것 다르고 오늘 가르쳐 준 것이 달랐기 때문이란다. 그것은 그가 녹음된 기계처럼 똑같은 소리를 한 것이 아니고, 그때그때의 감정에 따라서 소리를 다르게 불렀다는 것이다. 그것은 천재 소리광대에게 나타나는 현상이다. 천재적인 소리광대는 어떤 한 대목을 부를 때마다 그것을 새로이 창조적으로 부르는 것이다.

문화원장이 말한다.

"임방울 선생 생가는 수성리인데, 그 수성리는 지금 공군 부대 안에 들어 있어 형체를 찾을 수 없어요. 나중에 셋방살이를 한 집은 알고 있습니다."

어머니 아버지 밑에서 어린 시절을 보내고, 훗날 본처와 30년 간 기거했다는 집으로 갔다. 대문의 문설주에 '월도산 안 길 37-1' 이라는 새 주소가 기록되어 있다.

판소리는 유네스코의 문화유산으로 등재되었다. 소리의 천재 임방울은 아름다운 천구성과 수리성과 애원성에다, 그만의 독특한 해학과 익살로, 일제강점기와 광복 이후의 아픈 삶을 산 서민들을 울리고 웃긴 명창이다. 일제강점기에, 그가 일본 오사카에서 취입한 〈쑥대머리〉, 〈호남가〉 따위의 축음기판들은 백만 장 이상씩이 팔렸고, 그가 출연하는 무대 앞에는 관중들이 구름처럼 몰려들어 열렬하게 환호했던 것이다. 신화적인 인물이었다. 광주광역시는 해마다 구월 시월에 '임방울국악제'를 열어 그의 예술을 기리고, 판소리 발전에 공헌하고 있다. 그리고 광주와 송정리에 '임방울거리'가 만들어지고 있다.

광주 광산구의 도산동에서 나주로 뻗어가는 길(국도 13호선)에, 황룡강 줄기를 가로지르는 육중한 송정교가 놓여 있다. 송정교를 건넌 다음 강 서쪽의 제방 길로 들어섰다. 송대동 두물머리(영산강과 황룡강이 합수하는 곳) 앞에서 내려 두 강줄기가 몸을 섞는 것을 보았다.

경기도 남양주시의 남한강과 북한강이 몸을 섞는 바다 같은 두물머리보다는 많이 왜소한 두물머리이다. 그렇지만 두 강이 굽이 돌아와서 어우러지는 허여멀쑥한 물빛은 사랑을 생각하게 한다.

물에도 영혼이 있고 맨살이 있다. 서로를 받아들여 안고 사랑하며 굽이쳐 흐르는 위대한 두 영혼과 맨살. 초의 스님과 다산 정약용의 만남이 떠오른다. 깨달음에 배고파 있던 초의 스님은 삼천리 방방곡곡의 선지식을 찾아다니다가 절망했는데, 강진에서 유배살이를 하고 있는 거대한 강 같은 다산 정약용을 만나 엎드려 절하고 목 놓아 울었다.

류복진 광산구 문화원장은 어등산과 용진산을 가리키며 풍수지리를 이야기한다.

"좋은 무덤자리가 많은 곳이 어등산 기슭이랍니다."

영산강 서쪽의 둑길을 타고 하류로 간다. 광주의 하수 종말 처리장을 지나 승촌보 쪽으로 가면서 류 광산구 문화원장이 말한다.

"옛날에는 여기까지 바닷물이 들어왔습니다."

서산 류씨의 집성촌인 본덕리 남쪽에 거대한 무덤만한 동산 하나가 있다. 그 동산에 호가정(浩歌亭)이 있다. 물을 노래하는 정자라는 것인가, 물이 노래하는 정자라는 것인가. 그 정자는 무성한 소나무와 느티나무의 숲 속에 있다. 정자 앞에 시비 하나가 서 있다.

> 돌베개에 소나무 그림자 아른거리고
> 바람 치는 난간에 들빛이 둘러 있네
> 차가운 강물에 앉은 달빛에
> 눈빛 같은 작은 배가 온다

류 문화원장이 말한다.

"70년대에 강의 직선화 사업이 이루어지기 전에는 이 정자 앞으로 강이 굽이쳐 흘렀어요. 밀물 때에는 바닷물이 여기까지 들어왔고요."

호가정 계단을 내려오자 개망초꽃들이 나를 향해 눈송이들처럼 햇살을 되쏜다.

화순 쌍봉사 계곡과 도곡온천 쪽에서 달려와서 남평의 산포들을 적시고 흘러온 지석강이 학산리 인근에서 영산강과 몸을 섞는다.

승촌보 앞에서 발을 멈춘다. 조용하게 흘러온 강 나비를 가로질러 설치된 거대한 승촌보는 몸 늘씬한 여인이 번쩍거리는 군화를 힘겹게 신고 있는 듯싶다. 새로 설치한 승촌보로 인해 수심은 깊어졌고 차오른 물은 보를 타고 넘어간다. 오래지 않아, 승촌보 인근에 대대적인 유락시설이 들어선다 한다. 장차 여기에 놀이를 위한 배를 띄울 모양이다. 인위적으로 조성된 풍경도 어찌할 수 없는 강의 풍경이다. 류 문화원장이 주위의 산과 들을 가리키며 말한다.

"서남쪽에 솟아 있는 저것이 나주 금성산이고, 동북쪽의 들판 건너에 솟아 있는 저 보랏빛 나는 것이 무등산인데, 고려 태조인 왕건의 부대하고 견훤의 부대가 이 두 산 사이의 서석평야에서 죽기 살기를 무릅쓰고 싸웠습니다. 그때 왕건이 얼마나 이 지역을 바탕으로 조성된 견훤의 부대한테 혼이 났으면, 후에 정권을 잡은 다음 호남 사람들을 요직에 등용하지 말라고 했겠습니까?"

승촌보 주변은 노안의 돌미나리 주산지이다. 검푸른 벼논 사이사이에 돌미나리밭이 있다. 벼농사를 짓는 것보다 더 수입이 좋은 것인가. 전국적으로 팔려 나가는 이곳의 돌미나리는 옛날에 임금의 밥상에 올랐단다.

대산동에 있는 소리광대 김창환의 기념비를 보기 위해 해등교를 지나 북쪽으로 간다. 류 문화원장은 말한다.

"여기에 바다 해(海) 자가 들어가 있지 않아요? 이 다리 이름으로 보아 예전에는 이 골짜기까지도 바닷물이 들어왔다는 것입니다."

류 문화원장은 말을 잇는다.

"우리가 밟고 있는 이 길이 '유배 길' 입니다. 고려 말기에 정도전이 이 길을 걸어갔고, 조선조에 들어와서는 송시열, 정약용, 정약전이 이 길을 걸어갔습니다."

소리광대 김창환의 기념비 앞에 선다. 기념비 주위에서 개망초꽃들이 하얗게 웃고 있다. 비석 앞면에는 김창환이 잘 부른 〈흥보가〉 중의 '제비 노정기' 한 대목이 새겨져 있다. 강남에 갔던 제비가 자기의 목숨을 구해 준 흥보에게 은혜를 갚기 위해 신비한 박씨 하나를 물고, 산과 강과 바다를 건너 흥부의 집에 까지 오는 노정을 읊조린 것이다.

김창환은 임방울의 외삼촌이다. 25세의 임방울이 전국명창대회에 출전하기 위하여 서울에 갔을 때, 김창환은 75세였다. 그는 그때까지도 활동을 할 정도로 노익장을 과시하고 있었는데, 전국명창대회 하루 전에 임방울을 경성방송국에 출연시켜 〈쑥대머리〉와 〈호남가〉를 부르게 했다. 따지고 보면 임방울이 전국대회에서 장원을 한 것은 외삼촌의 배려 때문이었는지도 모른다.

류 문화원장은 말한다.

"광산구 삼도동에는 1880년에 세워진 한국 최초의 교회가 있습니다. 그 삼도교회는 기독교가 박해를 받던 시절의 교회입니다."

그렇다면 광주의 양림교회보다 24년이나 앞선 것이다. 선교사들은 동학농민혁명 당시에도 남도 지방에서 복음 전도 활동을 했었다.

평동저수지 위에 있는 명화마을에 이르렀다. 마을 남쪽에 낮이 선 동산 같은 무덤 하나가 있다. 장고분이다. 우리 전통 악기인 장구와 비슷하다고 해서 붙여진 이름이다. 류 문화원장은 설명한다.

"이 무덤과 비슷한 고분은 일본에 2,000기 정도가 있답니다. 일본 고고학자들은 자기들의 선조(야마토 정권의 실권자)가 마한 지방에 살다가 죽어 묻힌 무덤일 거라고 주장합니다. 물론, 그것은 말도 안 되는 주장이라고 우리 고고학자들은 일축합니다. 일본 고고학자들은 이러한 무덤을 '전방후원분'이라고 합니다. 앞은 모가 나고 뒤는 둥글다는 뜻으로요. 발굴해 보니 옹관이 들어 있지 않은 석실묘였어요. 옹관묘에서 석실묘로 변해 가는 과정에 있는 무덤인 것입니다. 이 무덤은 나주 반남면에 있는 신촌 9호 무덤하고 비슷합니다. 우리 고고학자들은 일본의 야마토 정권이 마한이나 가야의 영향을 받은 것이라고 주장합니다."

그렇다면 이 무덤은 어찌된 것일까.

자기들의 선조(야마토 정권의 실권자)가 마한 지방에 살다가 죽어 묻힌 무덤일 거라는 일본 학자들의 주장, 그 얼마나 소름 끼치는 말인가. 임진왜란 때부터, 일본 속에서는 늘 정한론(征韓論 : 한국을 정벌해야 한다는 주장)을 들먹거리는 사람들이 일본 세상을 이끌어 가곤 했다. 독도가 자기네 땅이라고 주장하는 사람들도 정한론을 주장하는 사람들의 후예이다.

류 문화원장은 고개를 갸웃거리다가 말한다.

"애초에는 이것이 무덤인 줄도 몰랐어요. 숲이 울창해 있으니까, 이게 동산인 줄 알고, 어떤 문중 사람들이 이 무덤 위에 무덤을 썼던 것이지요. 그런데 그 문중 사람들이 나중에 이장을 하려다가 석실을 발견하게 되었고, 이게 고분이라는 것을 알게 되었어요. 이 근처의 동산이란 동산은 다 고분들인지도 모릅니다. 사람들은 고분인지 모르고 밭을 일구거나 집을 짓고 사는 겁니다."

그 말을 듣고 보니 근처의 동산들이 모두 고분으로 보인다. 시간을 거꾸로 돌린다. 지금부터 1,700년 전, 여기에는 어떠한 사람들이 살았을까. 어쨌든, 당시 이 땅과 일본은 잦은 교역을 했었음에 틀림없다.

연산동의 '무등도예'를 찾아가는 길 가장자리에 연못이 있고 연잎들이 무성하다.

도예가인 고현 조기정(1939~2007)을 나는 잘 안다. 한때 나는 고려청자를 굽는 도예가 이야기를 소설로 쓰려고 그의 가마를 자주 찾아다닌 적이 있다. 법과대학을 다니던 그는 대가 끊어진 고려청자 재현에 미쳐 스스로의 운명을 바꾸어 놓은 입지전적인 사람이다. 강진군 청자 도요지를 발굴하고 강진의 청자 재현에 앞장선 사람이었다.

고현 조기정은 말했었다. 임진왜란은 사실상 도자기 전쟁이었다고. 일본이 제2차 세계대전을 일으킬 수 있도록 부강하게 된 것은 임진왜란 때 한국의 도공들을 끌어다가 일으킨 도자기 산업 때문이었다. 임진왜란 뒤 일본은 도자기를 유럽의 왕과 귀족들 사회에 무진장하게 팔았고, 그로 인해 나라 살림살이가 부강해졌던 것이다.

강진의 청자 도요지와 박물관이 강진군의 대구에 만들어지기 이전의 여름철에 그와 나는 강진 대구의 가마터를 둘러보고, 청자 파편들을 주우며 많은 이야기를 나누었다. 고현의 가마가 광주시 월산동에 있었을 때, 나는 그가 밤새도록 장작불을 때서 청자 굽는 것을 옆에서 지켜보기도 했다.

그는 스스로의 호를 고현(古現)이라 하고, 맏아들의 이름을 고현이라고 지은 사람이다. 자기의 업을 그 아들에게 물려주고 싶었던 모양이다. 한데 그 아들 고현은 도자기와 무관한 업을 하고 있고, 미술대학을 다닌 둘째 아들이 업을 이어받아 하고 있다.

청자 만들기의 묘는 환원(還元)에 있다. 천주교에서는 사람의 죽음을 '환원'이라고 말한다.

지구가 생기기 전에는 온 세상이 뜨거운 증기뿐이었다. 증기가 식어 용암으로 흘렀고, 그것이 시간의 흐름에 따라 식어서 바위가 되었고, 그것이 풍화되어 흙이 되었고, 그 흙에 푸나무가 자라고 거기에 동식물과 사람들이 살게 되었다. 청자는 그 풍화된 흙가루에 물을 붓고 이겨서, 그릇을 빚어(성형하여) 말려 불에 구운 다음, 유약을 발라 다시 구운 것이다. 불의 가마는 달리 말한다면 '불의 자궁'이다. 불의 자궁은 자기만의 뜨거운 신화의 몸짓과 뜨거운 피를 통해 청자라는 아기를 해산한다. 말하자면 환원(還元)시키는 것이다.

작업실 앞 정원의 가장자리에 태산목 한 그루가 서 있는데, 그 가지 끝에 흰 꽃 몇 송이가 하얀 새처럼 앉아 있고, 정원 한가운데에 있는 연못에는 자수련꽃, 백수련꽃, 노랑어리연꽃이 피어 있다. 대문 옆에는 주황색의 산나리꽃들이 살랑바람에 고개를 젓고 있다. 고현이 그 꽃들 속에서 싱그레 나를 반기고 있다.

광산구는 황룡강 가운데 있는 삼각주인 밤섬을 개발하여 송산공원 유원지를 조성했다. 그 공원 옆에 있는 한 식당에서 황룡강물을 내려다보며 꽃게탕에 점심을 먹었다. 시래기 된장국물에 토막 난 꽃게들이 웅크리고 있다. 송정마을에도 떡갈비가 유명하다지만 담양에서 먹었으므로 여기서는 다른 것을 먹자고 내가 제안을 해서 먹는 꽃게탕이다. 고기들 가운데 게살처럼 향긋하고 맛있는 것은 없다.

시인 용아(龍兒) 박용철의 생가로 간다. 생가의 마당 가장자리에 서 있는 까만 시비에는 용아 박용철의 〈떠나가는 배〉가 새겨 있다.

나두야 간다
나의 이 젊은 나이를
눈물로야 보낼 거냐
나두야 가련다

아늑한 이 항구인들 손쉽게 버릴거냐
안개 같이 물어린 눈에도 비치나니
골짜기마다 발에 익은 묏부리 모양
주름살로 눈에 익은 아 사랑하던 사람들

버리고 가는 이도 못 잊는 마음
쫓겨가는 마음인들 무어 다를 거냐
돌아보는 구름에는 바람이 희살짓는다
앞대일 어덕인들 마련이나 있을 거냐

나두야 가련다
나의 이 젊은 나이를 눈물로야 보낼 거냐
나두야 간다

용아가 살았던 일제강점기는 뜻을 가진 젊은이가 마음껏 청운의 꿈을 펼칠 수 없어, 바람 부는 대로 물결치는 대로 흘러가는 표박의 시대였다. 그래서 '너도 가는 것이냐, 나도 간다'는 것이었다. 이 젊은 나이를 눈물로 보내고 있을 수는 없다는 것이었다.

이 시는 〈시문학〉 창간호에 발표된 작품이다. 일제강점기를 산 그는 김영랑, 정지용, 정인보, 변영로, 이하윤과 더불어 시문학 동인을 결성했다. 그 '시문학기념관'이 강진읍의 김영랑 생가 옆에 세워지고 있다. 그 시문학파를 주도하였던 사람이 박용철이다. 나는 그의 현학적인 에세이 〈시적 변용〉을 고등학생 시절에 공부한 바 있다.

생가에서는 토호의 냄새가 풍긴다. 문간채와 안채와 서재와 창고들과 후원의 사당(祠堂). 개인의 집 후원에 사당이 있는 집은 흔하게 볼 수 없다. 대단한 부자인 유학자 집안에만 있는 것이다.

용아 박용철(1904~1938)의 집안은 대대로 만석꾼의 부자였다. 용아는 〈문예 월간〉, 〈문학〉 등의 잡지를 자기의 사비로 간행한 열정의 문학도였다. 시작만 하지 않고, 문학 평론도 하고, 신문에 칼럼도 쓰고, 희곡도 쓰고, 외국 시들을 번역하기도 했다. 시에만 전념하지 않고 다방면으로 활동을 하는 그를 강진의 김영랑은 늘 못마땅해 하였다.

용아 박용철과 영랑 김윤식은 일본 유학 시절 '청산학원'에서 만나 친구가 되었다. 이후 그는 도쿄외국어대학에 들어가 독문학을 공부한 다음 16세에 결혼한 여인과 28세에 이혼을 하고, 미녀로 소문난 신여성 이정희를 맞아 재혼을 했다.

김영랑은 서울에 갔다가 고향집으로 돌아갈 때는, 강진과 가까운 영산포역에서 내리지 않고 송정리역에서 내려 용아의 집 사랑채로 들어가 몇 날 며칠씩 뒹굴며 용아와 더불어 문학적인 열정의 삶을 즐겼다. 당시 조선 문단은 프로 문학으로 들썽거릴 때였지만, 용아는 김영랑과 더불어 순수 시문학 운동에 모든 힘을 쏟았고, 그것은 한국문학사에 우뚝한 이정표 노릇을 한다. 그 순수 시문학은 조지훈, 박목월, 박두진 등의 청록파로 이어진다. 용아 박용철이란 이름에는 용(龍) 자 두 개가 들어가 있다.

용아 박용철의 생가 뒤에는 그의 먼 선대 할아버지인 박상(朴祥, 1474~1533)의 사당이 있다. 월봉서원에 배향되어 있는 눌재 박상은 조선 중기의 정치가이자 학자이다. 1496년(연산군 2) 진사가 되고, 1501년 식년 문과에 을과로 급제, 교서관정자로 보임받고, 박사를 역임하였다. 승문원교검 · 시강원사서 · 병조좌랑을 지내고, 1505년 외직으로 전라도사를 지냈다. 도사는 지금의 행정부지사쯤이다. 그의 의기는 하늘을 찔렀다.

 자기의 비위를 건드리는 자의 삼족을 멸한 폭군 연산군의 말년은 추잡하고 흉흉했다. 연산군은 '흥청과(興淸科)'를 두고 각처의 기생을 끌어들였다. 임금의 애첩들의 세도는 하늘을 찔렀다. 자기의 딸이 연산군의 첩이 된 다음, 나주 관노 김의(金依)는 당상관 품계를 받고 임금이 내린 술을 얻어 마시고 취한 채 나주로 금의환향했다. 김의가 지나는 고을마다 관리들이 융숭한 대접을 했다. 술잔을 건네는 수령들도 있었다. 고향에 돌아온 김의는 눈에 거슬리는 부자들의 재산을 강탈하고 부녀자를 겁탈했다. 아무도 임금을 사위로 둔 김의를 응징할 엄두를 내지 못했다. 이때 전라도사 박상이 나섰다. 그는 김의를 나주 금성관으로 잡아들인 다음 곤장을 치게 했고 김의는 마침내 죽었다. 한 아부꾼이 연산군에게 보고했고, 연산군은 박상을 잡아들이라고 금부도사를 내려보냈다. 박상은 금부도사가 내려오는 줄도 모르고, 죽을 각오를 한 채 연산군과 대거리하려고 상경했다. 박상과 금부도사는 장성 갈재에서 서로 길이 엇갈렸는데, 박상이 서울에 도착하기 전에 중종반정으로 연산군은 광화도로 끌려갔고, 박상은 죽음을 면했다. 금부도사와 길이 엇갈릴 때 고양이가 박상의 바짓가랑이를 끌고 갔다는 일화가 전한다. (이종범 교수의 《호남인물열전》에서)

 황룡강에 살던 잉어가 용이 되어 승천한 곳이 어등산 자락이다. 면앙정 삼십영 속에 하서 김인후의 〈어등산 저녁비〉라는 시가 있다.

> 아득히 넓은 들판 끝자락
> 해 저문 어등산에 비가 내리네
> 구슬 발 걷지 말고 그대로 두게
> 서늘한 바람 정자를 감아 돌도록

어등산은 낙조가 유명하다. 어등산에 해 지는 풍경은 가는 사람의 발길을 붙잡아 둘 정도로 아름답다.

오래 전에 돌아가신 나의 아버지를 생각하며, 호남대학교 옆 서봉동의 봉강제를 찾아간다. 장흥의 덕도에 사시던 내 아버지는 해마다 시월이면 시제를 모시기 위해, 버스를 타고 비포장길을 달려 이곳에 오시곤 했지만, 당시에 철이 없던 나는 조상의 제사만을 챙기곤 하시는 아버지를 못마땅해 했었다.

마음 가는 대로 해도 법도에 어그러짐이 없다는 나이에 이른 이제, 나는 지금 조상의 제각을 찾는다. 고려조의 '청 대부 보문각 제학'을 지낸 할아버지를 기리고 추모하는 제각이다. 이 할아버지는 시조로부터 8세손이신데, 나는 35세손이다. 어등산 줄기의 명당에 모셔진 먼 할아버지를 추모하기 위해 이곳에 드나든 아버지의 발자국들이 가슴을 아리게 한다.

광주광역시 남구 원산동에 있는 포충사로 간다. 고경명의 충성심을 기리는 사우이다.

광주광역시 기념물 제7호로 지정된 포충사는 1592년 임진왜란 때 호남 지방에서 의병 7,000여 명을 모집하여 왜군과 싸우다가 1593년 8월의 금산 싸움에서 전사한 고경명과 그의 두 아들, 유팽로, 안영 등 5명의 충절을 기리기 위한 서원이다.

1601년 임진왜란이 끝나자 호남 지방의 유생들이 왜란 때 나라를 위해 충절을 다한 이들을 제향하기 위한 사당을 제봉산 아래에 세운 것이다. 이어 1603년 박지효와 후손들이 임금에게 사액을 청하여 '포충'이라는 이름과 편액을 받았다. 포충사는 고종 때 대원군이 전국의 서원을 정리할 때에도 장성의 필암서원과 함께 훼철되지 않았던 전라남도 지방의 2대 서원 가운데 하나이다.

포충사에서 이채로운 것이 있다. 옛 사당의 입구 홍살문 옆에 있는 자연석에 새겨져 있는 '봉이'와 '귀인'의 비문이 그것이다. 봉이와 귀인은 고경명의 충직스러운 노비로, 주인과 함께 의병에 참가하였고, 금산 싸움에서 고경명 삼부자가 전사하자 그 시신을 거두어 정성껏 장사 지냈다. 이듬해에는, 살아남아 있던 고경명의 아들 고종후를 따라 진주성의 전투에 참가하여 왜적과 싸우다가 순절한 충의의 인물들이다.

이 밖에 포충사에는 고경명의 친필로 쓰여진 '마상격문'과 목판 493장 등이 보존되어 있다.

고경명은 담양의 송순 문하의 학자 시인이다. 그의 호는 제봉산에서 가져온 '제봉'인데, 그는 문학적인 표현을 중시하여, 아름다운 수식이나 문학적 형상화에 힘을 쓰곤 했다. 후손들이 묶어 놓은 문집 〈제봉집〉이 있다.

> 강철 같은 절벽 푸르게 솟아
> 층진 봉우리 하늘에 닿을 듯
> 가을바람에 옷깃 흔들 때
> 둥근 달 떠오르길 기다리네

이 시는 그가 추월산 절벽을 노래한 것인데, 문학적인 감수성이 아주 뛰어나다.

승촌보에서
나주까지

 강물을 따라 나주로 간다. 영산강은 나주 땅을 관통해서 흐른다.
 '영산강'의 어원은 나주시 영산포의 '내영산'에서 왔다고 하고, 내영산은 흑산도의 '영산도'에서 왔다고 한다. 일본 해적들의 침범으로 인하여, 흑산도의 영산도 사람들을 나주 영산강 인근의 마을로 이거하게 했는데, 그때부터 강 이름을 영산강이라고 했다는 것이다.
 휘돌아 흐르는 영산강 줄기에 감싸인 나주는, 봄밤의 달빛 속에서 배꽃이 피듯이, 그리고 그 배의 꽃잎들이 물에 어리듯이 향기롭게 살아가는 사람들의 도시이다. 영산강은 호남 지방의 신산한 역사처럼 굽이굽이 흘러 한반도 서남쪽의 목포 앞바다에 이르는데 그 강물은 기름진 나주평야를 푸근하게 적셔 준다.
 그 나주평야에 은색 가루를 뿌려 놓은 것처럼 배꽃이 한꺼번에 필 무렵이면, 이 세상천지는 온통 배꽃의 그윽한 향기에 젖어 버린다. 배꽃 구경은 한낮에 해도 좋지만, 황혼 무렵이나 봄밤의 어스름 달빛 아래서 하면 더욱 좋다. 예전 우리 선인들은 시심이 깊고 그윽하고 두터워서 배꽃을 야반삼경에 구경하기를 즐겼다.

이화에 월백하고 은한(銀漢)이 삼경인제

일지춘심(一枝春心)을 자규야 알랴마는

다정도 병인 양하여 잠 못 이뤄하노라

 배꽃이 한창 필 무렵이면 광활한 나주 배밭에서 사진 찍기 대회가 열린다. 배꽃 미녀로 뽑힌 여인들이 모델이 된다. 그 미녀의 얼굴 색깔은 배꽃처럼 희고 탐스럽다.

 옛날 전라도에는 대표 도시 둘이 있었는데, 전주와 나주이다. 전주에서 나주로 가는 길 위에 놓여 있는 모든 땅을 전라도라고 이른 것이다. 나주에 가면 나주배가 떠오르고, 나주배를 생각하면 돌아가신 아버지가 떠오른다. 서울에서 대학에 다니던 때, 기차를 타고 와서 영산포역에서 내리면 반드시 호주머니를 털어 배 한 바구니를 사곤 했다. '가고배'라는 것이 그것이다. 아버지는 나주배를 좋아하셨다. 나주배는 예로부터 가장 맛있는 배의 대명사가 되어 있다. 서울이나 부산이나 대구나 광주의 시장에는 '나주배'라는 상표를 붙인 가짜 나주배가 나돌 지경이다.

 득량만 바다의 덕도라는 섬에서 나고 자란 아버지는 해마다 겨울철이면 김 양식을 했고, 첫물 수확한 것을 신세진 사람들에게 선물을 했는데, 그 선물을 받는 사람들 가운데 한 분이 당시 영산포 엄동에 사시던 소설가 오유권이다. 영산포 나주 지방의 농촌 풍속도를 중단편소설로 형상화하곤 한 가난한 소설가 오유권.

　고등학교를 졸업하고 덕도에서 아버지를 모시고 김 양식과 농사를 지으며 소설 공부를 하던 하는 나는 영산포의 농촌 소설가인 오유권을 늘 찾아가 위안을 얻고 가르침을 받곤 했다. 그분이 쓴 소설 〈옴배기〉, 〈가난한 형제들〉의 주인공들은 걸쭉한 전라도 나주 사투리를 구사하곤 했다. 〈이역의 산장〉은 대표작인데 '만무방'이라는 제목으로 영화화되었다. 아버지는 독학하는 아들에게 도움을 주는 오유권의 은혜를 못 잊어 한 해 한두 묶음의 김을 보내 드리곤 했다.

　오유권(1928~1999)의 말년은 쓸쓸했다. 70세에 돌아가시고 난 두 해 뒤에 나는 그분의 문학비를, 그분을 애석해 하는 친지와 후배 시인 소설가들의 뜻을 모아, 나주에서 목포와 영암으로 가는 도로 가장자리의 공원에 세워 드렸다.

　서라벌예술대학 문예창작과를 거쳐 군대 생활을 한 다음 〈대한일보〉 신춘문예에 소설 〈목선〉이 당선되었을 때, 나는 그 신문사의 시상식에 가는 길에 영산포역에서 서울행의 밤기차를 탔다. 기차 시간을 두 시간 앞둔 나는 오유권 선생과 영산강변의 한 복어탕 집에서 저녁을 먹으며 소주를 마셨다. 술에 취한 나는 내 당선 소식을 접하지 못한 채 영면하신 아버지를 생각하며 울었었다.

　얼마쯤의 세월이 흐른 뒤, 나는 대하소설 〈동학제〉를 쓰면서 나주성에 대한 자료를 조사하기 위하여 나주에 들렀다.

　1895년 1월 어느 흰 눈발이 휘날리는 날, 죄수를 압송하는 가마가 영산강변 길을 따라 나주로 향하고 있었다. 가마는 네 사람의 장정이 메고 있었는데, 앞뒤 양옆에는 관군들 10여 명이 삼엄하게 호위를 하고 있었고, 그 뒤쪽에는 신식총으로 무장한 일본군들 여남은 명이 경계하며 따르고 있었다. 가마 안에는 순창군의 쌍치면 피로리에서 붙잡힌 녹두장군 전봉준이 포박되어 있었다. 발목에 큰 상처를 입은 그는 추위와 굶주림으로 말미암아 앓고 있었지만, 솜 두둑하게 놓은 흰옷을 입은 채 상체를 꼿꼿이 세우고 앉아 있었다.

 동학농민군들은 서울로 진격하다가 공주 우금치에서 일본군의 기총소사에 꺾이었고, 동학농민군 지휘부는 괴멸되었다. 동학농민군 패잔병들은 뿔뿔이 흩어져 남으로 달아나고 있었다. 일본군은 동학농민군 청야(싹쓸이) 작전을 쓰고 있었다. 남쪽으로 몰고 가서 바다 속에 처넣겠다는 작전.
 전봉준이 나주 관아의 형옥에 갇혀 있을 무렵, 참패를 당하고 남으로 계속 밀린 동학농민군 패잔병들은 모두 장흥으로 몰려들어, 장흥성 안의 부사 박헌양이 이끄는 수성군과 대치하고 있는 동학농민군과 합세하였다. 3만 명쯤의 동학농민군은 장흥성을 접수하고 박헌양 이하 수성군들을 모두 처형했다. 이어 강진병영을 접수한 다음 나주 형옥에 갇혀 있는 전봉준을 구하여 동학농민군을 재건하자고, 영암 쪽으로 진격했다. 그러나 나주 쪽에서 내려오는 일본군의 기총소사를 견디지 못하고 패주하거나 붙잡혀 교수형을 당했다.
 동학농민군을 싹 쓸어내 남쪽 바다에 처넣기로 한 작전이 성공한 다음 일본군과 관군은 나주의 전봉준을 서울로 압송했다.

　당시 관군과 일본군은 전라북도 순창의 쌍치면 피로리에서 붙잡은 전봉준을 왜 가까운 전주감영의 옥에 가두지 않고, 담양을 거쳐 광주의 영산강변을 타고 나주 감옥으로 압송한 것이었을까.
　그것은 나주성이 가지고 있는 특성 때문이었다. 나주향교의 대성전 앞에 서면 그 까닭이 더욱 확실하게 보인다.
　나주향교는 1407(태종 7)년에 창건되었다. 나라의 보물 제394호인 이 건물 '대성전(大成殿)'은 성현들을 모시는 나주 향교의 중심 전각이다. 정면은 5칸이고 측면은 4칸의 단층 팔각 기와집이다. '다듬은 돌 바른 층 쌓기'를 한 높은 기단 위에 연꽃무늬 새겨진 둥근 초석을 놓고 배흘림 두리기둥을 세웠다. 그 기둥은 거대한 붕새가 두 날개를 펼치고 비상하려 하는 듯싶은 중후한 기와지붕을 떠받치고 있다. 건물 내부의 바닥은 장마루이고 천장은 연등천장인데, 공자, 맹자 등의 중국 성현과 우리나라 성현의 위패를 모시고 있는 이 건물은 서울의 문묘, 장수향교, 강릉향교와 더불어 가장 큰 규모이고 향교 건물의 원형이다.
　당시 중앙정부는 지방민들에게까지 유학의 이념을 깊이 심어 주려 하였다. 유학의 이념은 한 마디로 선비 정신이다. 선비 정신이란 스스로의 인격을 도야하고 세상 사람들의 삶의 질을 드높이고 부정한 것들을 광정하겠다는 도(道)의 정신이다.
　향교를 지어 주고 운영할 재정을 보태 주면서 선비 교육을 장려한 것은, 그 선비 정신을 근간으로 하여 나라를 이끌어 가려는 것이었다.

나주목사는 지방의 인재를 중앙정부에 천거할 수 있는 권한이 있었으므로, 이 향교에서 공부하는 선비들을 천거했을 터이다. 천거하는 데 있어서 공평을 기하지 않을 수 없도록 지방 유학자들이 작용을 했을 것이다.

 다른 지역에서 일어난 대개의 동학농민군 주축 세력은 중앙정부의 실정과 부패에 반발한 민중들과 향교를 드나드는 선비들 중에서 불만이 있는 사람들이었다. 그런데 나주의 경우는 다른 지역과 차이가 있었다.
 얼마 전 나는 나의 대하소설 〈동학제〉 속에서 동학농민군과 나주 수성군과의 대립을 그린 바 있다. 수성군을 지휘하는 장수는 민종렬 나주목사였고, 나주성을 접수하려는 동학농민군의 장수는 김개남이었다.
 김개남의 군졸들은 백정, 노비, 옹기장이, 박수무당, 청기와장이, 목수장이, 광대패, 떠돌이 무뢰배, 사당패, 초라니패, 거지 떼들로 이루어져 있었는데, 호남 지방의 동학농민군들 가운데서 가장 용맹하고 드세기로 이름나 있었다. 한데 그 김개남 부대는 나주성을 함락하기 위해 몇 차례 공격을 시도하다가 뜻을 이루지 못하고 장성으로 올라가 버렸다.
 충청도 공주 이남의 전라도 일대의 군, 현, 목 가운데서 동학농민군에게 함락당하지 않은 유일한 성이 나주성이었다. 그것은 목사 민종렬의 탁월한 지휘 때문이라기보다는 나주성 안의 일사불란하게 뭉친 수성군들의 저항 의지 때문이었다. 그 저항 의지의 근간에는 향교를 출입하는 유학자들과 거기에서 배출한 학생들이 포진해 있었을 터이다.

그 유학자들의 후손인 나주 사람들의 정신과 의기와 자존심이 향교 안에 고여 있다. 그 정신과 의기는 어디에서 연유한 것인가.

나주 지방은 통일신라의 후반기에 지방 호족들에 의해 장악되어 있었다. 그 호족들은 해상왕 장보고의 후예들과 연결된 개혁 세력이었고, 고려 태조인 왕건과 밀착될 수 있었다. 그리하여 후백제 견훤과 왕건과의 싸움에서 나주 지방 호족들은 왕건의 편을 들었던 것이고, 왕건은 그 지방의 호족인 오씨의 딸을 왕비(장화왕후)로 맞이했으며, 장차 그 왕비의 아들이 왕위를 물려받았으니 2대왕 혜종이다.

진도에 진을 치고 있던 삼별초가 호남을 장악하기 위해 나주를 공격했을 때에도 나주의 관민들은 금성산성에 들어가 저항했다. 삼별초는 7일 동안이나 필사적으로 공격을 했음에도 불구하고 그들은 결국 나주성을 빼앗지 못하고 물러났다.

이와 같이 그 어떤 전쟁에서도 무너지지 않은 난공불락의 성이 나주성이다. 바로 그 때문에 전봉준을 전주로 압송하지 않고, 나주로 압송했던 것이다.

도도히 흐르는 영산강을 앞에 둔 금성산은 나주의 진산이다. 451m의 높이에 동쪽 노적봉, 서쪽 오도봉, 남쪽 다복봉, 북쪽은 정녕봉이라 불린다. 나주의 지세를 살펴보면, 노령산맥이 서남쪽으로 뻗어 내려와 나주에 이르러서야 금성산으로 우뚝 선다. 산줄기들의 골짜기 골짜기

마다에서 흘러내린 깨끗한 물들이 모여 영산강으로 흘러들고, 그 영산강물을 마신 나주평야는 예로부터 전국 제일의 비옥한 평야로 이름을 날렸다. 나주배가 달고 맛있는 것은 기름진 땅 때문이다. 일본이 호남선 기찻길을 만든 것은 나주평야 쌀을 수탈해 가려는 것이었다.

이중환은 《택리지》에서, 나주가 금성산을 등에 짊어지고 영산강을 에두르고 있어 읍의 지세가 한양과 비슷하기 때문에 옛부터 이름난 인물이 많이 났다고 기록하고 있다.

나주가 배출한 인물이 어디 장화왕후와 혜종 임금님뿐인가. 나주 노안면은 조선조의 정치가이자 학자인 신숙주를 배출했고, 흥룡동은 임진왜란 때의 의병장 김천일을 배출했고, 다시면 회진마을은 풍류 시인 임백호를 배출했는데 그들은 모두 금성산과 영산강의 정기를 받은 것이다.

금성산은 민족의 성산이자 민간신앙의 중심지였다. 산신을 모시는 사당이 5곳이나 되었다. 산과 강과 농토는 지기를 뿜어 올리고 하늘은 천기를 쏟아 붓는다. 그 두 기가 만남으로써 그 가운데 존재하는 사람들을 사람답게 기른다. 나주 사람들은 금성산과 영산강의 힘과 비옥한 농토의 힘을 믿었다. 그 땅을 하늘과 금성산신이 튼튼하게 지켜 준다고 믿었다. 그리하여 근세에는 한말 호남 의병 항쟁에 앞장섰고, 일제 강점기에는 광주학생독립운동 사건을 일으킨 주역들이 되었고, 또 궁삼면 토지를 회수하려는 투쟁에 앞장섰다. 나주는 이처럼 모든 역사적인 큰 사건의 주무대이곤 했다. 지금의 신안군 일대의 모든 섬이 모두 나주 관할이었다.

전라도의 자존심인 금성산 밑의 광활한 땅과 그 벌판 한복판의 자존과 자긍심 대단한 사람들은, 바야흐로 전지구적으로 활짝 열리고 있는 새 천년 역사의 주무대가 되고 그 역사의 주인공들이 되기 위해 열심히 준비하고 있다.

노안성당으로 간다. 1894년 나주시 노안면 양천리 계량 마을에 '계량 공소'가 설립되면서 활동이 시작된 나주 최초의 천주교회이다. 붉은 벽돌의 본당 건물은 아름답고 귀중한 근대 성당 건축물로 손꼽힌다. 2002년 등록 문화재 제44호로 지정되어 있다. 한때는 콜롬반중학교 건물로 사용되기도 했었다. 교회의 고풍스러운 분위기가 나를 숙연하게 했다.

나는 천주교에 대한 관심은 깊고 짙다. 장편소설 〈흑산도 하늘길〉과 〈다산〉을 쓰면서, 나는 우리 선인들(이승훈, 이벽, 정약전, 정약종, 정약용)을 매혹시켰던 천주학의 교리서 《천주실의》,《칠극》들을 찾아 읽었다. 주자학만을 접하면서 성장한 우리의 뜻 있는 선인들은 '하늘의 세상'이라는 또 하나의 신비로운 세계에 매료되었다. 그것은 활짝 열린 환상적인 자유의 세계인 것이다.

노안성당의 화단에는 하얀 접시꽃들이 피어 있다. 안내자는 말한다.

"해마다 크리스마스 때에는 온 동네가 크리스마스트리들로 가득 찹니다. 그야말로 환상적이어요."

금성산 자락의 하나인 병풍산 기슭 아래에 있는 노안성당을 뒤로 하면서, 나라에서 금한 천주학을 믿었다는 이유로, 정조 임금이 세상을 뜨자마자 정적인 노론으로부터 공격을 받아, 모진 고문을 당하고 유배 길에 오른 정약전과 정약용 형제를 떠올렸다.

천주교 신도들(이승훈, 이가환, 정약종)이 효수를 당하자, 정약전·정약종·정약용의 조카사위인 황사영은 중국의 신부에게 탄원서를 보내려다가 사전에 들통이 나서 능지처참을 당했다. 그 탄원서, 황사영의 백서 사건으로 인해 정적들은 정약전, 정약용 형제를 흑산도와 강진으로 유배시켰다.

황사영 백서는 '서양의 군함을 불러들여 조선 정부에 위협을 가하여 천주교인들을 박해하지 못하게 해 달라'는 것이었고, 그것은 나라의 자존을 꺾는 역적 행위였던 것이다. 정약전, 정약용을 문초한 관리들은 "정약용 네가 그 백서를 써주지 않았느냐"고 문초를 했고, 결국 사형 다음 가는 유배형을 내린 것이었다.

정약전과 정약용 형제는 고문 후유증으로 인해 절름거리며 나주까지 왔다. 율정점에서 하룻밤(1801년 11월 22일)을 자고 이튿날 헤어져, 형 정약전은 금강진(지금의 나주시청 앞 강변의 포구)에서 흑산도로 가는 배를 타고, 동생 정약용은 강진으로 갔다.

율정점은 나주시 동신대학교 정문에서 삼도면 방향으로 조금 가면 있는 밤남정이라는 마을인데, 지금의 나주시 대호동 지역이다. 정약용은 〈율정 이별〉이라는 시를 남겨 읽는 사람들의 가슴을 아려오게 한다.

>초가 주막 새벽 등불 푸르스름하게 꺼지려 하는데
>얼어나 샛별 보니 이별할 일 참담해라

두 눈만 말똥말똥 둘이 다 할 말 잃어
애써 목청 다듬지만 오열이 터지네
흑산도 아득한 곳 바다와 하늘뿐인데
그대는 어찌하여 그 속으로 가시나요
고래 이빨 산과도 같아
배를 삼켰다 다시 뿜어낸다오
지네도 크기가 쥐엄나무 껍데기만 하고
독사들 등나무 덩굴처럼 엉켜 있다오
(후략)

••• 정약전과 정약용 형제가 이별한 율정점의 현재 모습. 이곳에서 눈물로 헤어진 형제는 이후 16년 동안 한 번도 보지 못했다.

금안동에 있는 쌍계정으로 간다. 금안동이란 마을은 나주 금성산의 정기를 가득 받아들이고 있다. 금안동(金鞍洞)이란 이름은 나주 정가신(고려 때의 문신)이 금으로 된 말 안장을 하사받았다 하여 붙여진 이름이다.

쌍계정은 앞마당과 뒤란 언덕에 400년 넘은 느티나무 (높이 10m, 둘레 500㎝) 한 그루씩이 서 있다. 나주 정씨, 하동 정씨, 서흥 김씨, 풍산 홍씨 등 4성씨가 대동계를 조직하여 마을 살림살이를 슬기롭게 해 나갔다.

'쌍계정(雙溪亭)' 이란 현판은 물 흐르는 듯한 초서인데, 한석봉이 썼다. 신들린 듯한 붓놀림이 보이는 듯하다. 정자에서 놀고 있는 노인들은 정자의 대들보 밑에 있는 다락 모양새의 서고를 가리키며 "여기에 대동계 문서들을 넣어 놓곤 합니다" 하고 말했다. 서고에는 자물쇠가 잠겨 있었다.

금안동은 조선조의 학자이자 정치가인 신숙주가 태어난 곳으로도 유명하다. 신숙주는 세종대왕의 한글 창제를 도운 신하이다. 그는 훗날 문종, 단종, 세조 임금의 시대를 거치면서 악역을 맡아 변신을 거듭한 까닭으로 많은 사람들의 빈축을 샀고, '숙주나물' 이란 말이 만들어지도록 한 인물이다. 녹두나물을 숙주나물이라 하는데, 그것은 미네랄이 많아 만들어 놓은 지 오래지 않아 금방 상하곤 하므로, 신숙주의 이름을 따서 숙주나물이라고 칭한 것이라는 말이 전한다.

금성산 장원봉 밑의 대호동 정렬사에 들른다. 의병장이자 학자인 김천일을 기리고 추모하는 사우이다. 김천일은 임진왜란이 일어나자 의병을 모집하여 창의사란 이름을 얻고 왜적과 많은 전투를 치러 승리를 거두었으며, 진주성 두 번째의 싸움에서 사투를 벌였으나 장마와 세의 열세를 극복하지 못하고 함락당하자 아들과 함께 남강에 투신하여 순절하였다. 창의문 앞마당에는 백일홍 나무들이 핏빛의 꽃을 터뜨리고 있었다. 그의 무덤은 삼영동에 있는데, 초혼묘이다. 시신 없이 혼만 불러 모신 것이다.

시청 앞의 한길 가에 있는 완사천(浣紗泉)으로 간다. 완사천은 고려 태조 왕건과 관련된 전설이 어린 유적이다. 태조 왕건은 고려를 건국

••• 나주 송월동에 있는 완사천. 이곳에는 고려를 건국한 왕건에 얽힌 전설이 서려 있다. 전설에 나오는 오씨 처녀는 훗날 장화왕후가 되었다.

하기 전 903년에서 914년 사이에 나주를 여러 차례 방문했다. 완사천에 재미있는 일화가 어려 있다.

무더운 여름의 한낮, 말을 타고 지나가던 왕건은 목이 말랐으므로, 이 우물에서 비단옷을 빨고 있는 처녀에게 물 한 그릇을 청했다. 처녀는 물 한 바가지를 뜬 다음, 옆에 있는 버드나무 가지에서 잎사귀 한 줌을 훑어 물 위에 띄어 내밀었다. 왕건이 불쾌해 하는 기미를 알아차린 부하가 "목이 심하게 마를 때 급하게 물을 마시면 체할 수 있으므로 천천히 마시라는 뜻입니다" 하고 귀엣말을 했다. 왕건은 그 잎사귀들을 입으로 후후 불어 가면서 마셨다. 훗날 왕건은 지혜로운 그 오씨 처녀를 아내로 삼았는데, 장화왕후이고, 고려 2대 임금 혜종을 낳았다.

왕건은 전국 각지에 19명의 아내를 두었는데, 그것은 모두 집권을 위한 정략결혼이었다. 오씨 처녀의 아버지를 중심으로 한 나주의 세력을 끌어 모은 왕건은 장차 견훤과의 싸움에서 아주 유리한 조건을 확보한 것이었다.

이곳 완사천 주변에는 흥룡사라는 절이 있었고, 혜종사라는 사당이 있었다. 《신증동국여지승람》에, 그 절과 사당은 금강진(완사천 일대) 북쪽에 있는데, 태조 왕건이 장화왕후와 인연을 맺을 때, 장화왕후의 오씨 가문이 대대로 살았던 터로, 혜종을 낳은 인연으로 세워진 것이라고 기록되어 있다.

남쪽을 건너다보면 나주역사가 덩그렇게 보인다. 그 앞에 질펀한 영산강이 흐르는데, 그곳이 예전에는 포구(금강진)였다. 왕건의 부대도 그

뱃길을 타고 들어왔다.

금성관으로 간다. 관아가 있었던 자리에 있는 금성관은 정부 요직의 관리(당산관 이상)들이 출장을 왔을 때 재워 주는 호텔이었다. 옆에는 목사관아(살림집)가 있다. 1980년대 후반까지 나주군수가 썼지만, 2009년부터는 관광객들의 체험 공간으로 쓴다.

나주읍성은 목사가 다스렸던 고을, 임금이 태어난 어향(御鄕), 몽진한 혜종 임금이 7일 간 머물렀던 고을답게 읍성이 30만 평이나 된다. 사대문인 동점문, 서성문, 남고문은 복원되었고, 북망문은 지금 복원을 준비하고 있다. 옷깃을 여미고 들어서야 한다는 정수루는 예쁘게 복원되어 있다.

강물을 따라 영산포로 간다. 장흥, 강진, 해남, 완도, 진도로 소통되는 활발한 교통 중심지였던 영산포.

영암군 금정면 서일봉에서 발원한 금천(錦川)은 세지면을 관통하고 나서, 나주 봉황면 덕곡리 비자나무골에서 발원한 만봉천으로 흘러들었다가 영산강으로 들어간다. 나주시 봉황면 용제산에서 발원한 봉황천은 용곡저수지에 담겼다가 청룡초등학교 앞을 지나 영산포 부덕동으로 나가서 영산강에 합류한다.

나는 서울엘 오갈 때는 이 영산포역에서 밤기차를 이용했었다. 영산포역은 이제 문을 닫았고 역사 속으로 사라졌다.

다리를 건너니 하얀 등대가 보인다. 내륙의 강가에 웬 등대란 말인가.

조선시대에, 영산강 유역의 조운은 영산창(현 나주시 삼영동 택촌)을

영산포의 봄 풍경.
과거에 영산포는 장흥, 강진, 해남, 완도, 진도로 소통되는 활발한 교통 중심지였다.

중심으로 이루어졌다. 전남 일원, 나주, 순천, 장흥, 담양, 낙안, 보성, 해남, 진도, 영암, 영광, 광주, 강진, 고흥, 광양, 능주, 남편, 화순, 동복, 곡성, 옥과, 창평, 장성, 흥덕, 무장, 함평, 무안 등의 세곡을 모아 서울로 운송했던 것이다.

〈흑산도 하늘길〉을 쓸 무렵, 나는 지금의 신안군 우이도(옛날의 소흑산도)에 가서 문순득의 후손을 만났다.

지금부터 250년 전, 문순득은 흑산도 근해에서 잡힌 홍어를 받아서 돛단배에 싣고 영산포에 와서 팔곤 했다. 그랬는데 폭풍으로 인해 오키나와와 필리핀으로 표류했다. 3년 동안이나 거기에 머물다가 제주를 거쳐 돌아온 그는 당시 우이도에 유배되어 있던 정약전에게 표류해서 살아온 이야기를 구술을 했고, 정약전은 그것을 기록했는데 그것이 《표해시말》이라는 책이다. 이후, 문순득은 제주도에 필리핀 사람들이 표류해 오자 통역을 맡아 했다.

당시에는 영산포에 장사배들이 많이 들락거린 것이고, 흑산도의 홍어는 영산포를 거쳐서 전라도의 여러 지역에 판매되었던 것이다. 배에 싣고 오는 동안에 홍어는 자연스럽게 삭아 얼큰하게 되곤 했다. 전라도 지방에 사는 대부분의 사람들은 홍어의 얼큰한 맛의 매력 때문에 잔치를 치를 때는 홍어회 한 접시씩을 빠뜨리지 않고 내놓곤 한다. 돼지고기와 홍어는 궁합이 잘 맞는 음식으로 소문나 있다. 어떤 사람은 '홍탁' 이라는 말을 쓴다. 탁주(막걸리)에는 홍어 안주가 최고라는 뜻이다. 강진 봉황의 옹기를 실은 배들도 영산포에 뱃머리를 대고 옹기를 팔았다.

일제의 식민지 시절, 목포의 개항과 더불어 영산강에는 외국의 증기선들이 드나들기 시작했다. 외국 선박의 등장으로 영산포의 수운은 점차 무동력선(돛단배)에서 동력선으로 바뀌기 시작한 것이다.

내 20대 초반(50년 전)만 하더라도 영산포에는 목포 무안 바다에서 고기를 싣고 올라온 돛단배들이 여남은 척 정박해 있곤 했다.

영산강에 외국 선박이 운행된 시기는 목포가 개항된 시기인 1897년부터였다. 개항 당시까지만 하더라도 목포는 인구 겨우 250명의 작은 어촌이었으나 그로부터 2년 뒤에는 일본인만 872명이 되었다. 1928년에는 3만 명 가까이 되었고, 일본인만 7,000여 명이었다.

인구가 불어나고 산업이 발달한 목포에서 영산강까지의 수로는 바닷물의 영향을 아주 많이 받았다. 때문에 배를 타고 영산강을 오르내릴 때는 밀물 때를 잘 맞추지 않으면 안 되었다. 만일 밀물 때를 잘 못 맞추었다가는 썰물로 인해 배가 갯벌에 걸리곤 했다.

1910년대 초까지는 영산강 뱃길은 절대적인 교통수단이었으나, 광주 목포 사이에 기차와 자동차가 개통되면서 승객들이 급격히 줄어들었다.

목포 개항 이후 영산강과 목포 사이의 물길은, 일제강점기의 수탈 통로로 변질되어 갔다. 이 물길을 따라 호남의 미곡과 면화가 목포를 거쳐 일본으로 실려 갔다. 동양척식회사를 앞세운 토지의 수탈로 호남의 기름진 땅은 일본인들의 차지가 되었다. 영산강 유역의 식민 수탈의 기지였던 영산포 일대는 일본인 소유의 땅이 80퍼센트 이상이었을 정도로 완전한 일본인들의 세상이 되었다. 나주의 포구(금강진. 지금의 나주역 앞)를 중심으로 이루어졌던 전통 상권은 개항된 목포와 영산포를 잇는 식민 상권에 의해 붕괴되었다.

영산강 유역의 농경문화가 만들어 낸 기름진 경제 환경은 조선조 봉건적인 수탈에 이은 일제의 식민 수탈로 말미암아 피폐의 길을 걸었고, 광복 후의 현대 산업화 과정에서도 낙동강 유역인 대구와 부산에 비하여 상대적으로 낙후되어 갔다.

1972년부터 영산강 종합 개발이 시작되고, 나주호, 담양호, 장성호, 광주호가 만들어지고, 강물이 줄어들고, 영산강 하구 둑이 축조되면서 영산포 강물에는 이제 그 어떠한 배의 모습도 찾아볼 수 없게 되었다.

1915년 철근 콘크리트로 만들어진 영산포의 등대. 그것은 이제 옛날의 흥청거리던 해상 교역의 포구, 다도해 지방의 해산물 냄새가 진동하던 시절의 흔적으로 남아 있을 뿐이다.

그러나 이제 나주 영산포 사람들은 옛날의 그 흥청거리던 영화를 되살리자고 소매를 걷어붙였다. 영산포에 홍어거리를 만들고 외지 손님들을 끌어모으고 있다.

구진포에서
몽탄까지

　영산강 서편의 강변도로를 타고, 장어구이나 장어덮밥 따위의 장어 요리로 유명한 구진포로 간다. 옛날에는 구진포 갯벌에서는 장어가 많이 났고, 목포에서 영산포를 왕래하는 배들은 이 구진포에 배를 대곤 했었다.
　나는 30대의 청년 시절을 광주에서 보냈는데, 그때 신문사의 기자이던 소설가 문순태씨와 더불어 장어구이와 장어탕을 먹으려고 비포장도로를 달려오곤 했었다. 우리는 싱싱한 자연산 장어 요리를 소주에 곁들여 먹으면서 문학을 이야기했다.
　한데, 영산강 하구 둑이 막힌 다음부터 구진포에는 그 싱싱한 자연산 장어가 나오지 않는다. 장어는 특이한 회유성(回遊性)의 물고기이기 때문에 하구 둑이 막힌 이후 모습을 감춘 것이다.
　숭어, 농어, 우럭, 도미, 전어 따위의 물고기들은 양식을 통해 다량 생산을 할 수 있는데, 오직 장어만은 불가능하다. 바닷물고기 양식에 있어서 최선진이라는 일본의 물고기 연구가들마저 민물장어 양식을 해내지 못하고 있다.

민물장어를 키우는 방법은 오직 한 가지밖에 없다.

바다 속 어디에서인가 부화되어 어느 정도 자란 하얀 치어(지렁이 크기만 하다)가 민물과 바닷물이 합수되는 곳으로 올라오는 것을 잡아다가 양어장에 넣고 사료를 주어 가면서 키우는 방법이다.

그 치어가 강이나 개천의 하구로 올라오는 봄철에는 밤에 횃불이나 전짓불을 밝히고 뜰채로 떠서 잡곤 한다. 그 무렵이면, 영광에서 낙월도로 가는 바다에 그 치어를 전문으로 잡는 멍텅구리배(무동력선)들이 무수히 널려 있곤 한다. 그 치어도 요즘에는 환경오염으로 인해 매우 드물어지고 있어, 값이 아주 비싸다.

연어는 바다에서 성어가 된 다음 육지 속의 강의 얕은 곳으로 와서 알을 낳지만, 장어는 그 반대인 듯싶다. 그러므로 강의 하구 둑은 장어에게 있어, 크나큰 장애물인 것이다.

아마 어느 누구인가가, 최고의 고단백과 신비한 미네랄의 물고기로 널리 알려진 자연산 민물장어의 배 속에 들어 있는 알을 빼서 부화를 시켜 길러 내는 것을 연구하여 성공을 한다면 벼락부자가 될 것이다.

구진포에서 사라진 자연산 장어, 그것도 어찌할 수 없는 영산강의 슬픈 역사 속의 풍경이다. 사라진 장어를 안타까워하며, 다시면 회진 마을의 백호 임제를 만나러 간다.

가는 길에 미천서원(眉泉書院)에 들른다. 미천서원은 유학자 미수 허목(1595~1682)의 도학 정신을 추모하고 기리기 위한 서원이다. 허목은 백호 임제의 외손이다. 그 서원은 1690년(숙종 16) 창건되었다.

1794년 정조 임금이 미수 허목의 진상을 그리라는 명을 내렸고, 미천서원에 봉안하게 되었다. 미천서원의 서원장을 지낸 사람이 정조 임금의 두터운 신임을 받은 번암 채제공이다. 번암 채제공은 정조 임금 밑에서 영의정을 지낸 정치인이었다. 이 서원에는 채제공도 배향되어 있다. 고종 때(1868년) 대원군에 의해 훼철되었다가 이후 복원되었다. 장판각에는 문집목판(1816판)이 있다. 전라남도 기념물 제29호로 지정되어 있다.

구진포에서부터 영산강은 비록 직선화해 있지만, 제법 강다운 드넓고 질펀한 면모를 보인다. 강은 노래와 시처럼 보인다. 강의 물너울의 반짝거림, 바람결로 인한 잔물결은 하얀 뱀의 넋을 지녔다.

직선화되어 있는 영산강변을 따라가니 영모정이 오른쪽 언덕 위에 서 있다. 영모정(永慕亭) 담장 밖에는 물곡비(勿哭碑 : 나 죽어도 울지 말라는 비석)라는 괴상한 이름의 비석이 서 있다. 비문은 다음과 같다.

"모든 오랑캐들이 다 황제라고 칭하는데 오직 조선만 중국을 주인으로 섬긴다. 내가 살아 무엇하고 내가 죽어 무엇을 하겠느냐, 나 죽었다고 울지 마라."

과연 자유자재의 호쾌한 백호 임제다운 발언이다. 그는 평안도사로 발령이 나서 가다가 황진이의 무덤을 찾아 시를 읊었다.

이 미천서원은 미수 허목(1595~1682)을 추모하고 기리기 위한 서원이다.
미천서원의 서원장을 지낸 사람이 정조 임금의 두터운 신임을 받은 번암 채제공이다.

청초 우거진 골에 자는가 누웠는가
홍안은 어디가고 백골만 묻혔는가
잔 잡아 권할 이 없으니 그를 설워하노라

인구에 회자되고 있는 명편의 정겹고 진솔한 시이다. 그런데, 임금의 명을 받아 가던 관리가 천한 기생의 무덤에 술을 바치고 시를 읊었다는 사실이 정부에 알려져 그가 파직이 되었다는 설이 있다. 영모정 아래에 시비 하나가 영산강을 내려다보고 서 있다.

금성의 아가씨들
학다리 가에서 버들가지 손에 꺾어
임에게 드린다오
해마다 부풀은 이별의 아픔인가
월정봉 높은데 금수의 물 멀다오

영모정은 중종 15년(1520) 귀래정 임붕이 건립한 것이고, 이름도 '귀래정'이었던 것을 그의 두 아들이 명종 10년(1555)에 중건하면서 아버지를 추모한다는 뜻으로 이름을 '영모정'으로 바꾸었다. 임백호가 글공부를 하고 시작을 즐긴 건물이다. 현재의 건물은 1982~1991년 사이에 문중 사람들이 중건한 것으로, 정면 3칸 측면 2칸에 팔작지붕을 얹은 정자이다. 주위에는 늙은 느티나무 네 그루와 향나무 한 그루가 정자를 지키고 서 있다.

백호 임제는 신화적인 인물이다. 어려서부터 자유분방하여 스승이 없이 혼자서 공부했다. 술자리와 시 짓기를 즐겼고, 20세 넘어서야 성운에게로 가서 공부했고, 23세에 어머니를 여의고 잠시 술을 끊었고, 28세 때에야 벼슬길에 나아갔다. 《중용》을 800번이나 거듭 읽었다는 이야기가 전한다.

 한 사람의 시인은 그가 태어난 땅을 영원히 향기롭게 하며 서 있는 한 그루의 신화적인 꽃나무이다. 그가 있어 세상은 화엄의 세상으로 무지개처럼 비상한다.

 강을 왼쪽에 끼고 나주 반남면의 고분군을 찾아간다. 오른쪽에 쪽풀 재배 단지가 나온다. 쪽물염색문화관이 있다. 스승보다 제자가 뛰어났을 때, 청출어람(靑出於藍)이라 한다. '푸른 색깔이 쪽에서 나왔지만 쪽의 색깔보다 진하다'는 그 말은 쪽이라는 풀에서 왔다.

 쪽은 신기한 풀이다. 쪽으로 푸른색 계통의 여러 가지 색깔을 만들어낼 수 있다. 어린 시절 내 어머니는 외할머니에게서 쪽물 들이는 법을 배워서 염색을 하곤 했다. 외할머니는 쪽물 들이는 기술자였다.

 나주는 홍수가 심했다. 홍수로 인해 망친 농사의 대체 작물로 떠오른 것이 쪽풀이었다. 문평면과 다시면 강가에 그것을 많이 심는다. 마을 사람들 대부분이 쪽 염색을 했던 것이다. 화학 염색의 도입으로 대가 끊어졌으나, 1970년대 이후 일부 장인들의 노력으로 부활되었다. 현재 전통 방식의 쪽 염색은 무형문화재 기능 보유자를 중심으로 전승되고 있다. 쪽 염색에는 고도의 기술이 필요하다. 조선시대 궁중에서는 염색을 담당하는 전문 장인이 있었을 정도였다.

자연 친화적인 삶을 희구하는 요즘에는 쪽물로 들인 옷감이 환영받는다. 흰색인지 푸른색인지 구분이 가지 않는 옥색에서부터 고려청자의 색깔, 남색과 감색에 이르기까지 다양한 색깔을 창조해 내는 그것은 신의 솜씨이라 할 만하다. 쪽의 색깔은 그윽하다. 유현(幽玄)하다는 것이다.

나주에는 '샛골나이'가 있다. 예로부터 길쌈이 유명했다. 나주 세목(가는 실로 짠 고운 베)은 영산강 하류 일대에서 나는 고운 무명베를 말한다. '샛골나이'는 무형문화재 지정 당시에 붙여진 이름으로, 샛골의 베 짜는 여자(織女), 또는 무명 짜는 일에 대한 통칭이다.

여름철 밤하늘의 은하수 강변에 직녀성과 견우성이 있다. 직녀는 일 년 내내 하루도 빠짐없이 베만 짠다. 직녀의 남편인 견우는 은하수 건너편에서 소를 먹인다. 하느님이 그들 둘을 결혼시켜 주었더니 그들은 사랑에 빠졌고, 직녀는 베를 짜지 않고, 견우는 소를 먹이지 않았다. 큰 야단이 났다. 화가 난 하느님은 그들 둘을 은하수 양쪽 강변에 떼어 놓고 일 년에 한 번씩 7월 칠석에만 만나도록 통제를 했다. 7월 칠석은 여름철이라 홍수가 지곤 하여 그들이 은하수를 건널 수 없었다. 그것을 안타깝게 생각한 세상의 모든 까마귀와 까치들이 머리에 돌을 이고 가서 다리를 놓아 건널 수 있게 해 주었다. 그 다리를 오작교라고 한다.

그 직녀의 넋이 나주의 샛골나이에 스며 있다.

나주는 볕이 잘 들고 물이 풍부하기 때문에 목화 재배지로 적합했다. 샛골의 무명베는 다른 지역의 무명베보다 훨씬 고운 '보름새'까지 생산한다.

'보름새'란 무엇인가. 무명베는 날실 사십 올을 '한새베', 사백 올을 '열새베', 칠백 올을 '보름새베'라고 한다. 보름새베는 비단보다 더 가늘고 고와서, 바지저고리 같은 평상복이 아닌 두루마기 겉감으로만 쓰일 만큼 고가품이었다. 예전에는 개성, 진주 등지가 세목의 생산지였으나 오늘날은 나주만 그 명맥을 유지하고 있다.

명주는 아무리 가늘고 고와도 남성들의 외출옷인 두루마기의 겉감으로는 쓸 수 없다. 왜냐하면 명주 올은 너무 섬세하고 여리어서 티나 먼지가 잘 묻는다. 만일 가시에 걸리면 올이 풀려 보기 싫게 보풀이 일어난다. 그리하여 두루마기의 겉감을 반드시 가는 무명베로 쓰고 속옷감은 명주로 썼다. 속옷감을 명주로 해야 겉옷감이 구김살 없게 되는 것이다. 때문에 예전 사람들은 두루마기의 겉옷감과 속옷감을 부부간의 내조와 외조에 비유하곤 했다. 남편은 무명 겉옷감처럼 밖에서 감싸고, 아내는 명주 속옷감처럼 남편의 내조를 한다는 점에서.

복암리의 고분들 앞을 지난다. 앙증스러운 동산 같은 고분 4기가 모여 있다. 문화 해설사는 말한다.

"여기는 한때 안동 권씨 문중의 산소였어요. 그 문중 사람들은 이 고분들이 동산인 줄 알고 무덤을 쓴 것이지요. 그런데 나중에 이장을 하는데 옹관이 나왔어요."

샛골나이의 모습. '샛골나이'는 샛골의 베 짜는 여자(織女), 또는 무명 짜는 일에 대한 통칭이다. 직녀의 넋이 나주의 샛골나이에 스며 있다.

40년 전, 나는 광주의 국립박물관 제1전시실에서 처음 그것을 보았다. 달걀을 몇 천 배쯤으로 확대시켜 놓은 듯한 그것의 윗부분을 약간 트고, 또 하나의 그 비슷한 것을 맞물리게 해 놓은 모양새였다. 전시실 바닥에 놓인 황토 색깔의 그것을 보는 순간 나는 거대한 두 개의 생식기가 바야흐로 합환하고 있는 것을 떠올렸다. 다음 순간 집채처럼 큰 공룡의 알 두 개를 연상했다.

경이로워하면서 다가가 설명서를 보는 순간 부끄러웠다. 그것은 사람의 주검(시신)을 담는 '옹관(토기로 된 관)'이었다. 소설가라는 사람이 주검을 담는 옹관을 알로 연상하고, 두 개의 생식기의 교합으로 연상하다니.

그러나 집으로 돌아오면서 "아 그렇다" 하고 탄성을 질렀다. 뫼비우스의 띠가 생각났다. 모든 생명의 태동은 암컷과 수컷의 두 성기의 접합에서 시작되고, 그 성교는 알을 만든다. 생명체의 죽음은 그 생명이 시작되었던 원래의 시공으로 되돌아오게 되어 있다. 옹관을 생식기의 교합이나 거대한 알로 연상한 것은 아주 잘한 일이고, 당연한 일이다.

안내자가 지평선 저쪽의 산 하나를 가리키며 말한다.

"저기 보이는 산이 백룡산인데, 저 산자락 밑에 정도전 유배지가 있어요. 저기는 예전에 천민촌(부곡)이었어요."

삼봉 정도전은 1342년(고려 충혜왕 복위 3)에 태어나 1398년(조선조 태조 7)에 죽은 정치인으로, 태조 이성계를 도와 조선왕조를 연 개국공신이다. 고려 말엽에, 명나라와 친한 세력의 한 사람이던 정도전은 원나라에 친한 세력의 탄핵을 받아 나주목 회진현 거평부곡으로 유배를 온 것이다. 관아에서 아무런 도움도 주지 않으므로 그는 손수 초막을 짓고 살았는데, 거기에서 한 해 반 동안 살면서 조선왕조를 새로이 열 기틀을 구상했다.

정도전의 새 나라 건설의 구상은 성공했다. 이성계는 정몽주 등의 고려의 충신들을 모두 제거하고 조선왕조를 개국했다. 불교를 억누르고 유학을 숭상하는 나라, 조선왕조.

그렇지만, 정도전의 삶은 오래가지 못했다. 다음 임금이 될 세자 책봉을 둘러 싼 '왕자의 난'에 휘말렸다.

이성계가 둘째 부인의 아들 방석을 세자로 책봉하려 하는데 정도전은 여기에 목숨을 걸었다. 이방원과 정도전은 조선왕조를 개국하는 데 있어 주역이다. 정몽주 등의 고려 충신들을 제거한 사람이 이방원이다. 첫째 부인 신의왕후 한씨의 다섯째 아들인 이방원은 조선조 초기의 실세였다. 이방원은 아버지인 태조 이성계 모르게 아버지의 오른팔인 정도전을 살해했고, 왕자의 난은 성공했다. 그리고 그는 오래지 않아 조선조 3대 임금(태종)이 되었다.

정도전과 이방원은 정치적인 이념이 달랐다. 정도전은 왕권과 신권(臣權)의 조화 속에서 정치적인 이상을 찾으려 했고, 이방원은 절대적인 왕권을 중심으로 정치를 펴려고 들었다. 이방원이 실권을 잡은 조선조 초기에 그는 역적으로 남아 있었다. 조선조 후기, 고종 임금의 아버지 대원군이 실권을 잡았을 때에 와서야 그는 복권되었고, 《삼봉집》이라는 문집이 남아 전한다.

반남의 고분들 속으로 들어선다. 반남면에는 대안리 고분군, 신촌리 고분군, 덕산리 고분군이 있다. 영산강 유역인 나주 일대에는 어떤 사람들이 살았는데 여기에 이러한 무덤들을 남겼을까.

덕산리의 서남쪽에 위치한 나지막한 자미산의 구릉에 분포되어 있는 10기의 고분은 삼국시대 초기의 것으로 추정된다. 형태는 원형, 방대형, 장방형 등 다양하지만 대부분 원형이고, 규모는 10m 내외이다. 학자들은 이곳 고분이 마한 토착 세력의 것으로 추정한다. 10호분에서는 석실이 나왔는데, 학자들은 그것을 백제의 것으로 본다.

신촌리 고분은 일본의 전방후원분을 닮았다. 우리 전통 악기 장구의 모양새다. 신촌리 고분의 분구 형태는 원형, 방대형, 사다리꼴, 장구형 등 다양하다.

그렇다면 고분 속에 들어 있는 옹관은 어디서 만들어 구웠을까. 그것의 이동 수단이 강물 위의 뗏목이라고 생각할 때, 아마 강변에 옹관 굽는 가마가 있었을 터이다. 문화 해설사는 말한다.

"아까 우리가 지나온 복암리 고분군 옆 오량동 근처에 가마터가 있었다고 추정한답니다. 그 무덤을 발굴할 때 근처에서 옹관 조각들이 많이 나왔답니다."

나는 마한 사람들이 옹관을 뗏목에 실어 나르는 모습을 상상했다. 그리고 거대한 한 개의 무덤 속에 들어 있는 다섯 개나 여섯 개의 옹관이 들어 있는 모양새도 상상해 보았다.

한반도에 백제, 신라, 고구려 등의 삼국이 있기 이전에는 '마한', '진한', '변한'이 있었다. 북쪽으로부터 이동해 온 한 세력은 한강 유역을

저녁 무렵 대안리 고분군의 모습.
장엄한 노을 아래로 보이는 고분군의 실루엣이
고즈넉하면서도 숭고한 분위기를 만들어 낸다.

중심으로 번성했고, 다른 한 세력은 낙동강 유역을 중심으로 살았으며, 또 다른 한 세력은 영산강 유역을 중심으로 살았다. 삼한이 모두 북방에서 들어온 부족이라고 볼 때, 그 삼국 가운데 제일 먼저 이 땅에 들어온 것이 마한일 거라고 주장하는 학자들이 있다. 마한 부족이 가장 따뜻하고 비옥한 영산강 유역을 차지했으므로. 그리하여 마한을 '맏한'이라고 해석하기도 한다. '맏'은 제일 먼저 태어난 자식을 말한다.

마한의 후예가 백제는 아니다. 마한은 새로운 세력인 백제에게 밀리고 또 밀리다가 백제에 통합되었다.

운흥사와 불회사로 간다. 운흥사와 불회사는 화순의 쌍봉사 계곡에서 발원한 지석강에 물을 보태는 나주호 상류 인근의 덕룡산 기슭에 있다. 덕룡산은 다도면 안에 있다. 다도면(茶道面)에는 요즘 차가 나지 않는다. 그럼에도 불구하고 이름이 다도면이다.

김정호의 '대동여지도'를 보면, 지금 다도면이 있는 자리에 '다소(茶所)'라고 표시되어 있다. 다소 옆 덕룡산 기슭에 운흥사가 자리한다.

고려시대에는 이곳에서 차가 많이 나왔던 것이다. 고려 때에는 상류층 가정에서 차를 많이 마셨다. 지방의 관리들은 힘없고 가난한 백성들에게 차나무를 심고 가꾸어 차를 만들라고 해서 그것을 착취하여 중앙정부의 높은 벼슬아치들에게 보낸 것이다. '다소'는 상품화된 차의 집산지였다. 무지렁이 백성들은 봄철 보릿고개에 쫄쫄 굶어 가면서 차를 따야 했다. 하류층의 백성들에게 있어 차나무는 애물단지였다.

고려 말 이규보는, 백성들이 차나무 때문에 시달림을 받다 못하여,

애물단지인 차밭에 불을 질러 버리곤 했다고 쓰고 있다.

《동사열전》에 보면, 초의 스님은 지금의 무안군 삼향동(옛날에는 나주 삼향동)에서 태어났다. 초의는 15세에 나주 다도면 덕룡산의 운흥사 벽봉 스님을 찾아갔다.

초의는 다섯 살 되는 해에 물에 빠져 죽을 뻔했는데, 지나가던 벽봉 스님이 건져 살려 냈다. 벽봉은 초의의 부모에게 훗날 크게 득도할 재목이라고 말했다. 부모를 일찍 잃은 15세의 초의가 운흥사까지 찾아간 노정에 영산강의 나루터들과 강변 길들이 놓여 있다.

운흥사 벽봉 밑에서 머리를 깎은 초의는 완호 스님에게서 계를 받았다. 일찍부터 깨달음(覺魂)에 굶주린 그는 영암 월출산 밑 도갑사를 거쳐 대흥사로 갔다. 그는 《화엄경》 속의 선재 소년처럼, 깨달음의 굶주림을 이기지 못하고 소문난 선지식들을 찾아 이 절 저 절을 찾아다녔다. 화순의 쌍봉사에 대단한 선지식이 있다는 소문을 듣고 초의는 그곳으로 찾아갔다. 인연은 참으로 묘하다. 운흥사에서 발원한 계곡물은 쌍봉사 계곡에서 흘러온 지석강물과 몸을 섞은 다음 영산강으로 흘러든다.

운흥사 입구에 석장승 한 쌍이 있다. 우측이 여장승이고 좌측이 남장승이다. 남장승의 가슴에는 '상원주장군'이라 쓰여 있고, 여장승 가슴에는 '하원당장군'이라고 쓰여 있다. 두 눈은 동그란데, 어린아이의 주먹만 하다. 남장승의 표정은 온화하고 호인스러운데, 여장승의 표정은 약간 날카롭고 단단한 표정이다. 원시예술의 한 모양새이다. 뒷면에 강희 58년이라 쓰여 있는데, 서기 1719년에 해당한다. 장승 옆에는 치성을 드린 흔적이 있는 바위가 있다. 민속학적으로 큰 의미를 가지고 있다.

운흥사는 대단한 고찰이었다. 신라 효공왕(897~912) 때 도선국사가 '도성암'이란 이름으로 창건했다. 고려 때, 조선조의 선조 때, 숙종 때, 영조 때 중창을 거치면서 웅점사, 그리고 웅치사로 개칭되었다가 18세기 후반부터 운흥사로 이름을 바꾸었다. 조선시대에는 380여 칸 규모의 대찰로 고법당, 응진당, 약사전, 미타전 등 15채의 전각이 있었고, 10채의 요사, 20개의 암자가 있었으나, 두 차례의 큰 화재로 사세가 약해졌다. 6.25 한국전쟁 때 모두 소실된 것을 1998년 혜원이 많은 불사를 하여 오늘에 이르렀다. 나는 절의 이 구석 저 구석에서 초의 스님의 발자취를 읽는다.

불회사로 간다.

불회사 입구에도 장승 두 기가 길 양쪽에 서 있다. 남장승의 수염을 길게 땋아 늘인 점, 상투가 표현된 점, 입가에 송곳니 둘이 튀어나온 점, 코를 굼벵이처럼 형상화한 점이 특이하다. 아래 下 자를 누구인가가 정으로 쪼아 '바를 正'으로 만들어 놓았다. 여장승은 온화하고 웃는 인상이고 평면적이다.

장승에게서 나는 도깨비의 얼굴을 본다.

도깨비는 우리 민족의 무의식의 한 표현이다. 신처럼 불가사의한 힘을 가지고 있으면서도 인간적이고 해학적인 속성을 가지고 있다. 도깨

••• 운흥사 앞에 있는 석장승의 모습. 원시예술의 모양새를 하고 있는 석장승의 표정이 익살스럽다.

비는 잘 달래서 이용하면 편리한 존재이다. 기와에 도깨비의 문양을 그려 넣는 것은 도깨비의 불가사의한 힘을 이용하여 악귀를 퇴치하려는 것이다. 마을이나 절을 수호하는 장승의 얼굴에도 도깨비의 형상을 이용하고 있는 것이다.

불회사는 대한불교조계종 백양사의 말사이며, 불호사(佛護寺)라고도 한다. 384년에 인도승 마라난타가 창건하였으며, 백제 불교의 전래와 동시에 건립되었다.

그 뒤 신라 말에 도선이 중건하였고, 1402년(태종 2)에 원진국사가 중창하였으며, 6.25 전쟁 때 일부 전각이 피해를 본 뒤 복원되지 못한 채로 오늘에 이르고 있다. 절이 384년에 건립되었다는 것은 〈불호사 중창급단청문〉에도 기록되어 있다.

현존하는 당우로는 대웅전, 명부전, 칠성각, 응진각 등이 있다. 전라남도 유형문화재 제3호로 지정되어 있는 대웅전은 1402년에 건립되었으며 정면 3칸, 측면 3칸의 팔작지붕이다.

대웅전 안에는 비로자나불, 석가모니불 등 삼존불이 봉안되어 있는데, 이 가운데 석가모니불은 종이로 만든 지불로서 매우 드문 것이다. 명부전도 1402년에 건립되어 200여 년 전에 중수한 정면 3칸, 측면 2칸의 건물이며, 칠성각에는 칠성탱화와 산신탱화 그리고 원진국사의 영정이 있다.

원래 이 절에는 휴정(서산대사)과 유정(사명당)의 영정도 봉안되어 있었다지만 남아 있지 않다. 당간지주 2기와 높이 약 1.7m의 원진국사부도가 있다. 이 절의 중창과 관련된 '호랑이와 도승의 설화'가 전하고 있다. 원진국사가 호랑이의 도움으로, 경상도 안동 일대에서 시주를 받아 대웅전을 건립했다는 설화.

돌아가는 길에 나주호 제방에 들른다. 호수의 질펀한 쪽빛의 물너울이 가슴을 뿌듯하게 한다. 나주호는 1976년에 준공된 댐이다. 댐 높이 31m, 길이 496m로 만수면적 7.8㎢, 총저수량 9,120만㎥, 몽리면적 112㎢에 이른다. 담양호, 장성호, 광주호 등과 함께 영산강 유역 개발 사업의 일환으로 영산강의 지류인 대초천 상류에 축조된 국내 최대 규모의 농업용 저수지이다. 대초호라고도 하는데 수리 홍수 조절이 목적이지만, 이 호반은 물너울과 주변의 산들이 아름답고 물고기가 많아 관광 낚시터로 이용되고 있다.

지석강변에 있는 남평의 솔밭 유원지에 들른다. 이 유원지는 가족 나들이 휴식 공간으로 유명하다. 널리 불리고 있는 노래 〈부용산〉과 〈엄마야 누나야 강변 살자〉의 작곡자인 안성현(1920~2006)의 노래비가 세워져 있다.

> 부용산 오릿길에 잔디만 푸르러 푸르러
> 솔밭 사이사이로 회오리바람 타고
> 간다는 말 한마디 없이 너는 가고 말았구나
> 피어나지 못한 채 병든 장미는 시들어지고
> 부용산 오릿길에 하늘만 푸르러 푸르러

나는 이 노래를 중학교 때(60년 전) 음악 선생에게서 배웠다. 얼마 전에 가수 안치환이 부른 것을 들었는데 내가 알고 있는 것과 약간 다르다. 나는 쓸쓸하면 혼자 흥얼거리기도 하고, 강이나 바닷가에 가면 목청껏 소리쳐 부르곤 한다.

안성현은 나주시 남평면 대교리에서 태어났는데, 북한에서 활동한 가야금 산조의 명인 안기옥(1894~1974)의 아들이다. 아버지를 따라 함흥에서 성장하여 일본으로 가서 도쿄 동방음대를 나왔고, 귀국하여 광주사범학교, 조선대학교, 전남여고 등에서 근무하며 작곡 발표회를 열

••• 지석강변에 있는 남평 솔밭 유원지에서 낚시를 즐기고 있는 아이들.

고 작곡집도 냈다. 목포 항도여중(현 목포여고)에서 근무할 때(1948년) 함께 근무하던 국어 교사 박기동 시인이 지은 〈부용산〉에 곡을 붙여 학교 예술제에서 발표했는데, 그것이 목포, 벌교, 장흥 등지에서 불리어졌다. 그러다가 여순 사건으로 인해 지리산에 입산한 빨치산들이 그것을 애창하곤 하여, 박기동과 안성현은 경찰의 주목을 받기 시작했다. 한 여성 빨치산은 경찰에게 체포되어, 총살 직전에 "소원이 있으면 말하라"고 하니, 처량한 목소리로 〈부용산〉을 불렀고, 그 노래를 들은 경찰 부대장은 그녀를 살려주었다는 일화가 전한다.

일제강점기에 세계 무대에서 활동한 신화 전설적인 무용가 최승희(1911~1967)의 남편이자 희곡 작가인 안막(1910~?)의 조카이기도 한

안성현은, 6.25 때 최승희와 함께 월북하여 북한 양강도예술단과 국립 교향악단에서 지휘자와 작곡자로 활동하고, 공훈예술가의 칭호를 받았다.

〈부용산〉을 작사한 박기동(1917~2009)은 보성 벌교 출신으로 일본 간사이대학 영문학과를 졸업한 시인인데, 고국에서 고난의 삶을 살다가 호주 시드니로 이민을 갔다. 목포 항도여중에서 근무하던 그는 1948년 초여름, 여동생이 폐결핵으로 죽자, 부용산 기슭에 묻고 돌아와 〈부용산〉이란 시를 썼는데, 그것에 안성현이 곡을 붙여 세상에서 널리 불리기 시작했다. 한데 그 노래를 빨치산들이 부른다 하여 경찰은 그를 불온한 좌경 시인으로 지목함으로써 설 자리를 잃고 박해를 당했다. 이데올로기 싸움으로 인한 격동의 해방 정국, 6.25, 박정희 · 전두환 · 노태우의 군사정권을 거치다가 그는 시드니로의 이민을 떠났고, 거기에서 난민 신청을 하여 살았다. 빨치산들이 애창한 〈부용산〉은 민주 항쟁을 하던 많은 인사들이 또한 애창을 했고, 그것은 금지곡 아닌 금지곡이 되어 방송도 탈 수 없었다. 그는 고국에 있을 때 시를 수없이 많이 썼지만 그것들은 모두 경찰이 압수해 갔으므로, 시집 한 권도 낼 수 없었던 한스러운 시인이다. 김대중 정부가 들어서자 2000년 그는 《부용산》이라는 한스러운 자서전을 써 들고 고국에 돌아와 출판을 했고, 연극인 김성옥의 부탁으로 〈부용산〉 제2절을 작사했는데, 그것을 목포의 부용산음악회에서 한국예술종합학교 교수이자 성악가인 송광선이 불렀다. 그 가사는 이러하다.

그리움 강이 되어 내 가슴 맴돌아 흐르고
재를 넘는 석양은 저만치 홀로 섰네
백합일시 그 향기롭던 너의 꿈은 간 데 없고
돌아서지 못한 채 나 외로이 예 섰으니
부용산 저 멀리엔 하늘만 푸르러 푸르러

부용산은 전남 보성군 벌교읍에 있는 산인데, 그 산기슭에도 부용산 노래비가 서 있다.

남평에 와서, 선조 때 기축옥사로 인해 희생당한 이발(1544~1589)을 생각지 않을 수 없다. 기축옥사는 1589년(선조 22) 정여립이 역모를 꾀하였다 하여, 3년여에 걸쳐 그와 관련된 1,000여명의 동인들이 피해를 입은 사건이다.

이발은 1568년(선조 1) 생원이 된 이후 알성문과에 장원하고, 여러 벼슬을 거쳐 이조정랑으로 발탁되었다. 1583년 부제학을 역임하고 이듬해에 대사간에 이르렀다. 조광조의 지치주의를 이념으로 삼아 사론을 주도, 경연에 출입하면서 왕도 정치를 제창하여 기강을 학립하고 시비를 분명히 가렸다. 동인의 거두로서 송강 정철의 처벌 문제를 둘러싸고 강경파를 영도하였고, 서인의 미움을 받았다. 1589년 정여립의 모반 사건이 일어남을 계기로 서인들이 집권하게 되자, 관직을 사퇴하고 교외에서 숨어 있던 중 잡혀 두 차례 모진 고문을 받고 장살되었다. 정여립 사건은 서인 정철 등이 꾸민 것이고, 이발은 정철과의 악연으로

그리움 강이 되어 맴돌아 흐르고 재를 넘는 석양은 저만치 홀로 섰다

인해 죽고 만 것이라는 설이 있다.

　나주 출신 인물 가운데는 '안동 김씨 세도 정치 속에서 김좌근의 첩 노릇을 한 기생 나합'이 있다. 나는 소설 〈추사〉를 쓰면서 그녀의 이야기를 쓴 적이 있다. 그녀는 조선조 말 순조, 헌종, 철종 때 임금보다 더 무서운 세도가였던 김좌근의 애첩이었다.
　도탄에 빠진 백성들을 상관하지 않고, 안동 김씨와 풍양 조씨가 서로 짜고 벼슬을 팔아먹으면서 경쟁적으로 뇌물을 거두어들인 60년간의 세도정치 속에서, 그녀는 권세를 부린 요녀로 많은 일화를 남겼다. 그녀는 영산포 삼영동에서 태어났는데 성은 양씨로 알려져 있다.
　그녀는 자라면서 자태가 곱고 소리를 잘하고 기악에도 뛰어났다. 그녀의 집은 현 내영산마을 건너 어장촌 근처에 있었으므로 그곳에 있던 도내기샘을 이용했는데, 그녀의 모습을 보고 애태우는 총각이 많았다.

　　나주 영산 도내기샘에
　　상추 씻는 저 큰 애기
　　속잎일랑 네가 먹고
　　겉잎일랑 활활 씻어 나를 주소

　이러한 민요가 나돌 정도였다. 후에 기생이 된 다음 김좌근의 눈에 띄어 애첩이 되었다. 그런 다음 도내기샘은 '나합샘'으로 불렸다.
　기생인 그녀는 하늘의 별도 떨어뜨리는 김좌근 대감의 별채로 들어

갔다. 이후에 '나합'이란 말이 생겨났다. 합하(閤下)라는 말은 정1품의 고관들에게만 붙여 주는, 요즘의 각하와 비슷한 칭호이다. 그녀는 김좌근에게 줄을 대서 벼슬 한 자리를 차지하려고 찾아오는 수많은 정객들의 뇌물과 주머니를 농단했다. 남자 다루는 방술이 능란한 그녀는 베갯머리송사를 기막히게 잘한 것이다.

사람들은 김좌근을 '합하'라고 했는데, 김좌근을 만나려면 먼저 그의 애첩을 만나 뇌물을 바쳐야 하므로, 그녀를 나합이라고 불렀다. 나주 출생이므로 '나(羅)'자를 앞에 붙였고, 모두들 당당한 그녀의 무릎 앞에 고개를 숙이므로 '합(閤)' 자를 뒤에 붙여 나합이라고 한 것이다.

그녀는 재치 또한 대단했다. 자기 첩의 기세가 너무 등등하다고 수근거리는 소리를 들은 김좌근이 어느 날 밤에 "사람들이 너를 나합이라고 부른다는데 무슨 뜻이냐?" 하자, 그녀는 "저는 여자이므로 조개 합(蛤) 자를 붙여서 그렇게 부르는 겁니다"라고 둘러댔다.

나합은 자기의 고향 나주를 위해 좋은 일을 했다고 전한다. 전국에 흉년이 들었을 때 나합이 김좌근을 졸라, 나주에 구휼미를 풀어 나주 사람들을 도왔다는 것이다. 그래서 그랬는지, 나주에는 전국에서 유일하게 김좌근을 기리는 공덕비가 나주관아 터 안에 남아 있다.

'영의정 김공 좌근 영세불망비'

안동 김씨의 세도가 끝난 다음 그 비석은 두 동강이 난 채로 쓰러져 있었는데 후에 그것을 나주시가 금성관 경내에 다시 바로 세웠다.

나주시 죽림동에 있는 옛 '나주역'을 그냥 지나칠 수 없다. 남쪽으로 펼쳐진 나주평야를 바라보고 있는 이 역은 조그마한 간이역 모양새를 하고 있는데, 대단한 역사를 지니고 있다. 지금은 시청 앞의 새 나주 청사로 역이 옮겨 갔으므로, 이 역사는 지나간 시간의 화석이 되고 말았다.

광주에서 목포까지 철도가 개통된 이래 이 나주역은 곡창인 나주 들판의 식량들을 목포로 실어 낸 일제 수탈의 주역이었다. 버스가 원활하지 않던 시절에는 일반 승객들을 광주로 실어 보내고 실어 오곤 한 역이었다.

이 나주역은 광주학생독립운동의 진원지이다. 광주로 통학하던 일본인 학생과 조선인 학생 사이에 일어난 편싸움이 발단이 되어 11월 3일에 광주학생독립운동이 일어났다. 그 운동은 전국 194개 학교, 5만 4,000여 명이 시위에 참가한 역사적 사건으로, 호남이 일제강점기 조선 독립운동의 중추 세력임을 확인한 쾌거였다.

나주에서 놓치면 안 되는 것이 전통 나주반(밥상)이다. 우리나라는 예로부터 온돌방에서 생활을 하였으므로 앉아서 밥을 먹는다. 그로 인해 소반이 발달했다. 나주반은 천판운각, 다리, 가락지, 족대로 구분되어, 접합 부분이나 이음새 부분에는 반드시 대나무 못을 쳐서 견고함을 더한다.

오늘날은 대개 4각반, 2인용 호족반(일명 개다리소반)을 나주반이라 한다. 무형문화재 제14호로 지정되어 전승되고 있고 나주반전수교육관이 있다.

죽산보로 간다. 영산강의 죽산보는 나주시 다시면 죽산리에 강을 가로질러 설치되어 있다. 오불꼬불한 길을 달려 죽산보에 이르렀다. 들판을 흐르는 강 한가운데를 가로막고 있는 보는 드높고 번쩍거리는 위용을 드러낸다. 죽산보는 한강, 낙동강, 금강, 영산강 등 4대강의 많은 보들 가운데 유일하게 통선문이 설치된 보이다. 보는 이미 완공되었고, 통선문을 시운전한 바 있다. 시운전하는 것을 나는 텔레비전 브라운관을 통해 보았다. 황포돛배가 죽산보의 하류 쪽 통선문 안으로 들어서면 하류 쪽의 문이 닫히면서 곧 상류 쪽의 물이 흘러들고, 물의 높이가 죽산보 상류의 물 높이와 같아지자 황포돛배가 죽산보 안으로 나아가서 한 바퀴 선회했으며, 그리고 다시 통선문을 통해 죽산보의 하류 쪽으로 나갔다.

죽산보 주변의 강변 둑에는 앞으로 물이 고일 것으로 추정되는 곳곳에 빨간 표지판이 서 있다. 죽산보는 영산강의 운하를 표방하고 건설된 것이다. 앞으로 강 밑바닥이 목표한 만큼 깊이 준설된 다음에는 광주 쪽의 승촌보까지 황포돛배가 왕래할 것이다.

몽탄에서
동강까지

'함평천지'의 고막원천변의 이야기

함평으로 간다. 유명한 〈호남가〉의 첫머리에 '함평천지 늙은 몸이'라는 말이 나오는 까닭으로, 함평 땅에 가 보지 못한 사람도 그 땅의 이름을 익히 알고 있기 마련이다.

영산포와 구진포를 지나온 영산강은 함평군의 학교면과 나주의 공산면과 동강면 사이를 흘러간다.

함평에는 세 개의 큰 하천이 있는데, 하나는 고막원천이고 다른 하나는 학교천이고 또 다른 하나는 함평천이다. 고막원천은 장성군 삼서면 태창산에서 발원하여 함평 월야면과 광주 광산구의 양동 사이를 흘러 내려오다가 구산천의 물을 받아들이고, 고막원천교와 호남선 철교 밑을 흘러 학교면의 석정리에서 영산강과 몸을 섞는다.

강운저수지 뒷산에서 발원한 학교천은 학교리에서 함평천에 합류한다. 대동저수지 뒷산에서 발원한 함평천은 엄다면과 학교면 사이를 흘러가다가 사포에서 영산강 속으로 흘러든다.

함평의 대표적인 상표는 나비이다. 가는 곳마다 나비가 있다. 버스

정류소에도 나비가 그려져 있고, 터널 입구에도 그려져 있다. 나비가 무엇인지 알려면 《장자(莊子)》를 읽어야 한다.

장자는 어느 날 꿈에 나비가 되었다. 날개를 펄럭이며 꽃 사이를 즐겁게 날아다녔다. 너무 기분이 좋아서 자신이 장자인지도 몰랐다. 그러다 문득 꿈에서 깨어났는데, 자신은 나비가 아니라 장자인 것이었다. 장자는 생각했다. 아까 꿈에 나비가 되었을 때에 나는 내가 장자인지 몰랐다. 그런데 지금 꿈에서 깨고 보니 나는 분명 장자이지 않는가. 그렇다면 지금의 나는 정말 장자인가, 아니면 나비가 꿈에서 장자가 된 것인가. 지금의 나는 과연 정말 나인가, 아니면 나비가 나로 변한 것인가.

비유의 천재인 장자는, 억지 바락바락 써 가면서 세상을 물리적으로 개조하겠다든지, 세상의 돈과 권력을 한 손에 움켜쥐고 하늘을 잡고 땅을 치겠다고 덤벼드는 사람들에게, 그 억지스러움이 가치 있는 일이 아님을 가르쳐 주는 사람이다.

나비의 시간은 네 개의 마디로 나뉘어 있다. 첫째 알로서 정지해 있는 잠의 시간, 두 번째 끈적거리는 애벌레로서 풀잎사귀를 뜯어먹는 꿈틀거림의 시간, 세 번째 집을 짓고 들어가 번데기로서 잠을 자며 기다리는 시간, 네 번째 번데기에서 나와 깨끗하고 화사하고 현란한 날개를 팔랑거리며 허공을 날아다니고 꽃 속에 빨대를 들이밀어 꿀과 향을 빨아먹는, 꿈꾸는 자, 초월자처럼 유유자적하는 우화(羽化)의 시간.

나비의 변태, 그것은 윤회하는 삶을 가르친다.

그렇지만, 함평의 나비는 현실적이다. 쌀도 나비 쌀이고, 소도 나비 한우이고, 고속도로에 뚫려 있는 터널도 나비 터널이다.

고막원천이 영산강과 몸을 섞는 곳, 석정리에서 고막원천을 거슬러 올라가다 보면 고막원천 석교를 만난다. 돌만 가지고 만든 돌다리인데 고막다리라고도 한다. 고막원천은 나주와 함평을 기다랗게 경계 짓는다.

고막다리를 건너서 왕래하는 길은, 철도와 고속도로가 열리기 전에는 목포에서 나주 영산포를 거쳐 광주로 가는 국도 1호선이었다. 달구지와 신안·무안 쪽의 나그네와 행상과 과거꾼들이 이 길을 타고 한양으로 갔던 것이다. 아랫녘 지방관으로 발령을 받은 원님들의 행차도, 신랑의 말이나 신부의 가마도 이 돌다리를 건넜던 것이다. 임진왜란 때의 의병들도, 동학군들도 이 길을 타고 달려갔다.

고려 원종 14년(1273) 무안의 승달산에 있는 법천사의 도승 '고막' 대사가 도술로 이 다리를 놓았다는 전설이 전한다.

구조가 견고하고 정교하게 만들어졌는데, 주춧돌을 냇물 가운데 놓고 7개의 교각을 민흘림으로 세운 뒤 사개형의 결구와 멍에를 깔고 그 위에 깊고 짧은 쪽돌을 얹은 구조이다. 범람이 심한 고막원천의 격랑을 700여 년 동안 버텨 온 견고미가 돋보인다.

'고막'이란 말을 따져 본다. 강진군 마량 포구에는 '가막섬'이 있다. '고막'과 '가막'은 사실은 같은 말이다. 그것은 '곰'과 '검'에서 온 것

이 고막다리는 돌만 가지고 만든 돌다리인데
무안의 승달산에 있는 법천사의 도승 '고막' 대사가 도술로 이 다리를 놓았다는 전설이 전한다.

이다. '곰'은 두 가지 뜻으로 해석할 수 있다. 그 하나는 함평읍의 북쪽을 가리키는 것일 수도 있고, '신(神)'과 동의어일 수도 있다. 여기서는 신령스러움의 뜻으로 보는 게 타당할 듯싶다. 나는 '고막원천'을 신령스러운 냇물로 해석하고 싶다. '고막대사'도 신령스러운 대사인 것이다.

고막 마을을 지나고 복천리 두동 마을을 지나간다. 이 마을에서는 노 아무개 검사장이 났는데, 지금 그 집안에는 네 사람의 검사가 나왔다. 아들과 딸과 사위까지가 다 검사다.

용월리 고막원천변의 소나무 숲 속에서 지석묘들을 만난다. 그것들은 마을 한가운데의 동산에 있다. 안내를 하는 김광철 문화원 부원장은 말한다.

"이 마을의 집들에는 마당 안에 고인돌들이 있어요. 장독대로 쓰기도 하고, 호박나물 박나물 따위를 말리는 곳으로 사용하기도 합니다."

북방식 지석묘와 남방식 지석묘가 섞여 있는데 총 16기이다. 고고학자들은 시간을 멀고 먼 원시시대를 향해 거꾸로 돌려 주곤 한다.

월야면 고분군으로 간다. 고분군의 남쪽으로 길쭉한 대밭이 있고, 그 앞에는 높다란 굴뚝이 서 있다. 붉은 벽돌 공장이 거기에 있었지만, 이곳 고분이 유적으로 지정되자 벽돌 구울 황토를 더 구할 수 없으므로 스스로 문을 닫았다.

장방형의 동산 모양새의 고분들이 줄줄이 잇닿아 있다. 거대한 고래를 잡아 다닥다닥 붙여 놓은 듯싶은 고분들 지붕 위에 올라가 둘레를 살펴본다. 고분들 가장자리에는 배수를 위한 도랑이 있다. 김부원장이 말한다.

"이것들을 만가촌 고분군이라고 합니다. 공동묘지라는 것이지요. 여기에 고분들이 훨씬 더 많이 있었을 터인데, 이곳 고분의 흙이 벽돌 굽기에 알맞은 황토이다 보니 공장이 고분들을 많이 파다가 벽돌을 구워버린 거지요."

인근에 있는 신덕리 고분으로 간다. 이 고분은 전방후원 모양새인데, 근처의 고분들 가운데 봉토의 규모가 가장 크다. 전체 길이는 51m이고, 후원분 직경은 30m이다.

김부원장이 말한다.

"고고학자들하고 도굴꾼들하고는 밀접한 관계가 있다고 알려져 있어요. 고고학자들이 고분을 발견해 놓으면 으레 오래지 않아 도굴이 이루어지니까요. 이 고분들도 고고학자들이 발견하고 간 뒤에, 당연하다는 듯이 도굴을 당했어요. 그런 뒤로 우리 학자들이 발굴을 했는데, 금동관 파편, 굽다리 접시 세 점, 항아리 토기 세 점, 철기류 철판 한 개가 출토되었어요."

이 글을 쓰고 있는데, 함평 출신인 후배 정종배 시인이 찾아와 함평의 고분군에 대하여 말했다.

"우리 어렸을 때는 그것들이 고분인지도 모르고, 그것들이 대단한 것인지도 몰랐어요. 그런데 어느 날 일본 사람들이 관광버스를 타고 몰려온 것이어요. 그 사람들은 누구의 안내를 받지도 않고, 함평의 고분들이 어디에 있는지 정확하게 알고 찾아다니면서 관광을 하는 거예요. 알고 보니, 일제강점기 때 일본 고고학자들이 모두 탐사를 하고 도굴꾼들을 시켜 도굴을 해 가면서, 고분군의 위치를 지도에 표시해 놓은 거예요. 우리 학자들은 뒤늦게 부랴부랴 고분들을 탐사하고 발굴을 하고, 그리고 지금의 모양새로 정비를 한 거예요."

이 이야기를 들으면서 나는 일본인들의 행태에 몸서리를 친다. 일본인들은 한반도를 강점하고 있을 때 한반도의 방방곡곡 어디어디에 무엇이 묻혀 있는지 이미 속속들이 탐사를 했다. 그리고 장고형(전방후원형) 무덤들이 마한의 지배 세력의 무덤임에도 불구하고, 자기네 야마토 정권의 실권자들이 조선 땅에 건너와 살았던 흔적이라고 주장하는 것이다. 그들이 광개토왕의 비문을 변조하여 자기들의 선조들이 조선 땅을 지배했었다고 주장하는 것, 독도가 자기네 땅이 아니라는 것을 뻔히 알고 있으면서도 역사를 자기들 입맛에 맞게 읽으면서 그것을 빼앗으려 하는 것도 그와 비슷한 행태이다.

읍내로 돌아가는 길에 팔열부정각(八烈婦亭閣)에 들른다. 여덟 명의 정절을 지킨 열부를 추모하고 기리기 위해 만든 이 정각은 전라남도 기념물 제8호이다.

정유왜란 때 이 열부들의 남편들이 왜군과 싸우다가 영광 삼서(현 장성군 삼서면)에서 전사를 했다. 왜군들이 들어오자 부인들은 영광군 칠산 앞바다 쪽으로 피신을 하다가 잡혀 일본으로 끌려가게 되었는데, 바다에 투신함으로써 정절을 지켰다. 이 정각은 1681년 왜란이 끝난

자산서원은 다섯 번이나 훼철되었던 불운의 서원이다.
당리당략에 의해 사라지고 복원되었을 자산서원은 우리나라의 정치사를 닮아 있다.

다음 세워졌다.

　엄다면 엄다마을의 자산서원으로 간다. 대문 위에 걸려 있는 현판이 '대도문(大道門)'이다. 큰 도에는 문이 없다는데 여기에는 드높은 대문이 있다. 안으로 들어가자 겸허한 마음으로 드나들어야 한다는 '겸허문(謙虛門)'이 있다. 서원은 무안읍에서 흘러든 무안천과 함평천이 합류하여 영산강으로 흘러드는 동강대교 쪽을 바라보는 언덕에 자리 잡고 있다.

　조선 중기 호남 사림의 거두이며 성리학에 대한 새로운 연구와 발명으로 우리나라 성리학을 정립시킨 학자 곤재 정개청이 1589년 기축사옥에 연루되어 유배지에서 병사하자, 그의 문인들이 스승의 신원 운동을 전개하면서 건립한 사원이다. 1616년 설립하고 1678년에 사액을 받았다. 이 서원에는 '우득록목판'이 있어, 지방 유형문화재 제146호로 지정되어 있다.

　함평과 나주 쪽을 이어 놓은 큰 다리 밑의 사포나루로 간다. '에프 알 피'로 지은 흰 물새 같은 고깃배들 여남은 척이 강변에 정박해 있다. 초현대의 동력선들이다. 장어 집을 운영하며 고기를 잡는 어부를 만난다. 강의 어부를 만나면서 나는 주페의 〈시인과 농부〉 서곡을 생각했다. 그 음악을 들을 때면, 나는 고요한 전원의 아침 풍경, 격렬한 폭풍우와 천둥, 왈츠에 맞추어 춤을 추는 농부의 모습을 떠올린다.

　나는 어부를 앞에 두고 '시인과 어부'의 만남을 생각한다. 조용한 강의 흐름과 폭풍우와 홍수의 이야기와 자연 속에서 살고 있는 어부의 안

빈낙도와 시인의 정서와의 만남은, 자연과학과 인문과학의 만남, 혹은 종교적인 숭엄한 만남이지 않는가. 나는 오래 전에 〈시인과 어부〉라는 시를 쓴 적이 있다.

> 묽은 안개 너울이 피어오르는 강심의 거룻배 위에서 낚시질을 하는 늙은 어부에게 다가간 시인이 참된 삶을 배우려는 선재동자처럼 간절히 말했다,
> 좋은 시를 쓰고 싶소, 강의 말씀을 들려주시오,
> 늙은 어부가 새끼손가락을 강물에 담갔다가 허공으로 들어 올리고 그 끝에 맺혔다가 떨어지는 물방울 한 개를 턱으로 가리키며 말했다,
> 고려의 혜허 스님이 일본에 가서 그린 수월 관음보살은 몸이 훤히 비치는 찬란한 성장을 한 채 오른 손에 버들가지를 들고 있고 왼 손에 정병을 들고 있는데 그것은 버들가지로 정병 속의 생명수를 묻혀 중생들에게 뿌리려는 몸짓이오, 그 관음보살은 한 개의 물방울 속에 들어 있소
> ─시 〈시인과 어부〉 전문

함평천변에 있는 영파정(潁波亭)으로 간다. 김부원장이 말한다.
"함평천 가운데서 이 앞을 흐르는 냇물을 영수천이라고 부릅니다. 소부 허유가 은거했던 '기산영수'라 할 때의 그 '영수'요."

영수은사(潁水隱士)는 허유를 말한다. 이 정자를 지은 사람이 여기에 숨어 살았다는 것이다. 안내판을 읽어 보니, 전라남도 문화재 제168호이다. 이안(李岸)이란 사람은, 단종이 폐위되어 영월로 압송되는 것을

보고는 벼슬을 버리고 이곳에 정자를 지어 은거했다. 팔작지붕으로 되어 있는 예쁜 정자이다. 앞에 흐르는 함평천이 아주 아름다웠겠는데, 지금은 한길 가장자리에 둑이 막혀 물이 보이지 않는다.

함평공원에 올라 척화비를 보고, 함평천을 내려다보는 언덕 위에 있는 정자에 앉아 마음을 씻는다. 정자 이름이 세심정(洗心亭)이다.
용천사로 간다. 용천사는 서해안 지역에서 가장 오래된 절인데, 백양사의 말사이다. 백제 무왕 1년(600) 행은 스님이 창건했다는 이 절의 이름은 용천이라는 샘에서 유래했다.
6.25 전쟁 때 불타 없어진 것을 중창한 것이다. 남은 유물로는 석등과 괘불석주가 있다. 석등은 17세기 것으로 강희 24년에 세웠다는 글씨가 새겨져 있다. 옥개석이 특이하게 팔작지붕 형태로 되어 있으며 기둥엔 거북 형상이 있다.
용천사는 9월 중순부터 하순에 걸친 초가을에 가야 제맛이 난다. 하늘에 새빨간 폭죽을 쏘아 터뜨리는 것처럼 피어나는 진홍색의 꽃무릇 꽃잎들이 한창인 초가을에 이곳에서는 꽃무릇 꽃 축제가 열린다. 상사화(相思花)처럼 꽃과 잎이 따로 나오면서 서로를 그리워하는 풀꽃이다.
꽃무릇은 일종의 독풀이다. 사원이나 집 주위에 심어 놓으면 쥐나 뱀들이 침범하지 않는단다. 그 꽃을 눈 가까이 대면 눈이 충혈되고 눈병이 난다.
함평의 해보면 용천사 계곡에는, 왜 독풀인 꽃무릇 꽃들이 지천으로 널려 요동치듯이 피는 것일까. 어떤 슬픈 인연으로 그렇게 된 것이 아닐까.

　나는 함평 양민 학살 사건을 알고 있다. 그 사건은 1950년 늦은 가을, 용천사를 거쳐 함평군 해보면과 장성군의 삼서면의 태창산으로 가는 길목에 있는 월야면의 이 마을 저 마을에서 일어났다.

　1950년 여름에 남한 땅을 점령한 북한의 인민군과 그들에게 협력한 부역 청년들은, 유엔군이 그해 9월 28일에 인천 상륙을 감행하자, 북으로 되돌아가려고 철수 작전을 폈다. 목포, 신안, 무안, 함평의 인민군과 부역 청년들은 퇴로가 막히자, 빨치산 투쟁을 하면서 용천사가 있는 모악산과 불갑사가 있는 불갑산을 타고 장성의 태창산 쪽으로 나아갔다. 국군과 경찰은 빨치산의 근거지를 없애고, 그들의 식량 보급원이 되는 양민들을 분리시키는 작전을 폈다. 그 과정에서 무고한 양민들이 더불어 무참하게 희생을 당한 것이다.

　지금 함평에는 양민학살진상위원회가 조직되어 있다. 함평의 양민 학살은 제주도 4.3과 거창의 양민 학살과 궤를 같이 한다. 거창의 양민 학살은 국회의 진상 조사로 인해 그 진실이 규명되었다. 제주도 4.3 사건 또한 그 진상이 노무현 정부에 의해 규명되었고, 희생자들의 원혼을 달래는 조치가 국가적인 차원에서 취해졌다.

　한데 함평 양민 학살은 진상이 아직도 규명되지 않고 있다. 그 무고하게 희생당한 사람들의 원혼이 핏빛의 꽃무릇 꽃으로 한스럽게 피어나는 것 아닐까. 또 함평에서 그렇게도 나비 날리기에 집착하는 것도 그 원혼들 달래기의 무의식적인 해한(解恨) 행위 아닐까.

저녁 무렵 용천사의 꽃무릇.
진홍색으로 피어나는 꽃무릇에는 함평 사람들의 한과 원혼이 스며들어 있는 것은 아닐까.

함평에는 근현대의 시인들이 많다. 해방 전후에 활동한 최석두(1917~1951)가 있다. 함평읍에서 태어난 그의 대표 시는 〈불꽃〉인데, 그는 카프에 속해 있었다. 광복 직후에는 조선문학가동맹 전남지부장을 했고, 당시 민족의 과제와 사회적인 이념을 담은 전위시를 썼다. 작곡가 김순남과 함께 월북했지만 평양에서 미군 폭격에 의해 사망했다. 시집으로 《새벽길》이 있다. 함평 출신이고, 〈시와 사람〉의 발행인이자 시인인 강경호가 최석두에 관한 연구 논문을 쓴 바 있다.

이수복(1924~1986) 시인도 함평 출신이다. 그가 쓴 〈봄비〉는 매우 희망적인 시이다. 그는 순수 서정시를 7·5조로 읊곤 했다.

이 비 그치면

내 마음 강나루 긴 언덕에

서러운 풀빛이 짙어오것다

푸르른 보리밭길 맑은 하늘에

종달새만 무어라고 지껄이것다

이 비 그치면

시새워 벙글어질 고운 꽃밭 속

처녀애들 짝하여 새로이 서고

임 앞에 타오르는 香煙(향연)과 같이

땅에선 또 아지랭이 타오르것다.

양성우 시인. 박노해 시인도 이곳 출신이다.

박노해는 본명이 박기평인데, 노동자 출신 시인이고 평화주의자이다. 실천문학사가 노동문학상을 제정했는데 박노해가 첫 수상을 했다. 남한사회주의노동자연맹(사노맹) 사건으로 옥고를 치렀고, 많은 젊은 이들이 그의 구명을 위해 애썼다. 《노동의 새벽》은 세상을 놀라게 한 그의 첫 시집인데, 한때 그는 얼굴 없는(세상에 얼굴을 드러내지 않은) 시인이었다.

화순 쌍봉사에서
학산리까지

지 석 강   이 야 기

　화순의 지석강을 따라 간다.

　지석강은 화순군 이양면 증리 쌍봉사 뒤쪽의 계당산(580m)에서 발원하여 쌍봉사 계곡으로 흘러와 쌍봉마을 앞에 이른다. 그 강은 예재천과 추동천을 더하여 흐르다가 이양면으로 흘러간다. 오류천, 세청천, 춘양천을 더 보태고, 광대천, 한천천을 더 보탠 다음 능주면에 이르고, 화순천, 도곡천, 노동천, 송학천, 남평천을 받아들인 다음 남평면에 이르고, 그리고 대촌천, 산포천을 받아들인 다음 학산리에서 영산강과 몸을 섞는다.

　지석강의 발원지 인근의 쌍봉사에 들른다. 일주문을 들어서자마자 예쁘고 고운 삼층 대웅전의 위용에 압도당한다. 평면이 정사각형인 3층 전각으로서, 목조탑파의 형식의 희귀한 건축이다. 규모는 1층 1변이 4m, 2층은 3.3m, 3층은 2.6m이며, 2층과 3층에서는 옥신 높이가 극도로 줄어들어 벽체 부분이 얼마 되지 않는다. 내부 일층에는 마루를 깔고 불단을 안치했고, 천장은 정(井)자 모양새이다. 2·3층은 통층

…
쌍봉사 가는 길에 있는 대숲. 쌍봉사는 신라 경문왕 때 철감선사 도윤(道允)이 창건하여 자신의 도호(道號)를 따 쌍봉사라 하고 구산선문의 하나인 사자산문(獅子山門)의 기초를 닦았다.

으로 되어, 그 중심에 심주 하나가 있는데, 각층 지붕의 춘설들은 모두 그 뒤끝이 이 심주에 연결되어 있다. 1962년 복원 공사 당시 마루도리에서 상량문이 발견되었는데, 이는 1724년(경종 4)에 세 번째 중창했을 때의 상량문이다. 1984년 4월 신도의 부주의로 인해 불타 버리고 말았으며, 그 후 새로이 복원하였다.

절의 뒤란 왼쪽 언덕 위에 철감선사탑이 있다.

철감선사(798~868)는 통일신라시대 승려이다. 28세에 당나라로 가서 공부하고 돌아와 금강산에서 도를 닦다가, 화순의 아름다운 산수에 이끌려 이곳에 절을 지었는데, 그의 호 쌍봉을 따서 쌍봉사라고 이름 하였다. 71세(경문왕 8)에 입적하니 왕은 '철감'이라는 시호를 내리고 탑과 비를 세우라고 했다.

탑은 8각으로 이루어졌는데, 꼭대기 머리 장식은 훼손되었다. 기단은 밑돌과 가운데 돌과 윗돌 세 부분이다. 밑돌은 여덟 마리 사자가 구름 위에 앉아 있는 모습이고, 윗돌 아래에는 연꽃무늬를 두르고, 윗단에는 불교 낙원

•••쌍봉사에 있는 철감선사탑. 탑은 8각으로 이루어졌는데, 꼭대기 머리 장식은 훼손되었다.

에 사는 극락조가 악기를 타는 모습을 도드라지게 새겼다. 사리를 모신 탑신은 몸돌 여섯 모서리마다 둥근 기둥을 세우고, 각 면마다 문짝 모양, 사천황상, 비천상을 조각했다. 지붕돌에는 최고조의 조각 솜씨가 발휘되어 있다. 낙수면에는 기왓골이 깊이 패여 있으며, 각 기와의 골에는 막새기와가 표현되었고, 처마에서 서까래까지 표현되었다.

거기에서 서쪽으로 고개를 돌리면 탑비가 보인다. 비의 몸통은 없어졌고, 거북 받침과 머릿돌만 남아 있다. 네모난 바닥 돌 위의 거북은 용의 머리를 하고 여의주를 입에 문 채 엎드려 있는 모습인데, 오른쪽 발을 살짝 들고 있는, 기어가고 있는 형상이다. 머릿돌은, 용 조각을 생략한 채 구름무늬만 채웠다. 거북 받침돌의 조각 솜씨는 아주 훌륭하다. 그런데 비석의 몸통은 어디로 갔을까.

초의 스님이 한창 깨달음에 굶주려 있을 20대 초반, 이 쌍봉사의 선지식을 찾아와서 머물며(1807년) 쓴 시가 《초의시고》에 두 편 전하는데, 하나는 〈한가위 새벽에〉이고 다른 하나는 〈가을날 회포를 적다〉이다.

> 고운 이끼 밟을까봐 지름길도 피하면서
> 물 길러 갈 때도 항상 둘러갔다네
> 엊저녁 울어 예던 사슴 어디 갔나
> 티끌 묻은 머리털을 아침에야 보았네
> -〈가을날 회포를 적다〉의 마지막 연

골짜기를 돌아나가다가 쌍봉리의 학포당에 들른다. 학포당은 쌍봉사 계곡에서 흘러내리는 지석강의 서북편에 있다. 뒷산(중조산)에서 졸졸졸 흐르는 작은 개울을 따라 위용을 드러내고 있는 늙은 은행나무 밑의 기와집이 학포당이다. 양팽손이 만년을 보낸 서재이다.

양팽손(1488~1545)은 제주 양씨로 조광조와 함께 생원시에 합격하고, 1516년에는 식년문과에 갑과로 급제하여 정언, 전랑, 수찬, 교리를 역임했다. 기묘사화로 조광조가 능주로 유배를 가자 그를 위해 항소를 하다가 사직하고 고향으로 돌아와 중조산 밑 쌍봉리에 학포당을 짓고 살면서, 유배 중인 조광조를 찾아다니며 위로하고 서로 경론을 논했다. 양팽손이 58세로 죽자, 조광조가 배향된 죽수서원에 함께 배향되었다. 13세에 송순과 더불어 송흠의 문하에서 수학하고, 회화에 능했는데, 안견의 산수화풍을 계승했다. 문집으로《학포집》두 권이 전한다.

안견은 한국적인 산수화풍을 창출한 화가인데, 세종, 문종, 단종, 세조 때에 화원(직업 화가)으로 활약했다. 세종의 아들이자 풍류객인 안평대군과 친했고, 산수, 인물, 말 그림에 능했으며, 유명한 〈몽유도원도〉를 비롯하여 〈청산백운도〉, 〈소살팔경도〉 등을 남겼다.

현재의 학포당은 양팽손이 쓰던 당시의 건물이 중간에 퇴락하여 무너진 것을 1920년 후손들이 현 위치에 원형대로 복원한 것으로 외삼문과 담장, 학포당이 남아 있다. 학포당 건물은 정면 3칸, 측면 3칸의 팔작지붕이다.

한천면에 있는 죽수서원으로 간다. 이 서원은 조광조와 양팽손을 배향하고 있다.

조광조(1482~1519)는 진보적이고 개혁적인 사람이었다. 그의 이상은 도학 정치를 펴는 것이었다. 도학 정치는 공자와 맹자가 정립한 정치이며, 요순시대의 어짊과 예에 의해 다스려지는 순리의 정치를 말한다.

조광조는 아버지가 함경도 지방에 지방관(찰방)으로 파견된 것을 기회로, 마침 그곳에서 유배 생활을 하던 '소학군자(小學君子)' 김굉필에게서 학문을 배웠다. 김굉필은 조선조 사림의 연원이라고 할 수 있는 김종직의 문인이다. 조광조는 김종직 이후 사림 세력의 맥을 계승하게 되었다. 그는 1510년(중종 5) 생원시에 합격한 다음, 1515년 알성시 별시에 급제하여, 성균관 전적을 시작으로 사간원 정언 등의 관직을 역임하였다. 그는 벼슬이 높아갈수록 자신과 자신을 추종하는 세력들이 마음먹고 있는 이상 정치, 즉 도학 정치를 실현해 보려 하였다. 임금은 그의 이상 실현을 위해 튼실하게 밑받침을 해 주었다.

정적들은 임금의 총애를 받는 그를 무너뜨리기 위하여 그에게 역모의 누명을 씌웠다. 임금은 그가 역모의 누명을 쓰자, 그를 하루아침에 배반했고, 그는 능주로 유배되었다가 한 달 만에 사약을 받고 죽었는데 37세 때이다. 유배되어 쓴 시가 눈물겹다.

누가 활 맞은 새와 같다고 가련히 여기는가
내 마음은 말 잃은 마부 같다고 쓴웃음을 짓네

벗이 된 원숭이와 학이 돌아가라 재잘거려도 나는 돌아가지 않으리
독 안에 들어 있어 빠져 나오기 어려운 줄 어찌 누가 알리오

사약을 받고 죽은 조광조의 시신을 양팽손이 은밀히 거두어 지금의 서원 터에 가매장했다가 이듬해 경기도 용인의 선산으로 이장하게 했다. 생전에 인연이 깊었던 두 사람은 죽은 다음에도 죽수서원 안에서 영원히 함께 배향되어 산다.

운주사로 간다. 운주사는 하나의 불가사의이다. 한반도의 다른 절에서는 볼 수 없는 돌탑들이 있고, 상식을 벗어난 야릇한 돌부처들이 널려 있다.
거대한 바위에 불상을 아름답고 자비롭게 조탁한 조각가에게 한 안목 있는 자가 물었다.
"어쩌면 이렇게 아름답게 조각을 하셨소?"
조각가가 대답했다.
"나는 불상을 조각하지 않았소. 원래 있던 원석 속에 부처님이 들어 있었는데 나는 그 부처님을 밖으로 드러나게 해 놓았을 뿐이요."
운주사에 갈 때마다 나는 이 말을 생각한다.
평범한 원석 속에 들어 있었다는 아름답고 자비로운 부처님. 그렇다면 내 몸속에도 그러한 부처님이 들어 있을 것이다. 나뿐이 아니고, 세상의 모든 사람의 몸속에는 다 그러한 부처님이 들어 있을 터이다. 원래 착함의 원형이라는 것이 그것이다.

다섯 번째 가 보는 운주사이지만 갈 때마다 느낌이 새롭고, 편안하고 즐겁다. 부처님들이 위엄을 갖추고 있지도 않고 의젓하지도 않고, 그냥 고졸하고 소박하다. 그들 앞에 설 때 구태여 옷매무시를 바르게 할 필요가 없고 숙연한 자세나 표정을 지을 필요도 없고 경배를 하지 않아도 된다.

내가 특히 좋아하는 것은 동글동글한 바구니를 포개 놓은 듯한 탑과 조악하게 조탁되어 있어 바보스럽게 느껴지는 돌부처들과 골짜기 중앙의 돌집 속에 들어앉아 있는 미륵보살상과 산 언덕배기에 누워 있는 거대한 바위덩이에 새겨진 부부 와불(누워 있는 부처)이다.

그것들을 두고 말이 많다. 남방불교의 영향을 받은 불상과 탑들일 것이라는 둥, 그 어디에서도 연원을 찾을 수 없는 불상과 탑들이라는 둥, 사실은 절이 아니었을 거라는 둥, 그러므로 그들은 불상이 아니고 그것을 새긴 자들의 자기 모습들일 거라는 둥, 그곳은 근처 마을 사람들의 축제가 벌어지는 곳일 거라는 둥…….

소설 〈장길산〉의 작가 황석영은 운주사를 미륵 신앙의 결과로 보고 있다. 소설 속에서, 그 절의 불상과 탑을 천한 노비들이 만든 것으로 그리고 있다. 천한 그들은 날이 밝기 전에 천 개의 탑과 불상을 만들면 개벽 세상이 온다고 믿고 땀을 흘리며 일을 하지만 그것은 실패로 끝이 난다. 마지막 한 개를 미쳐 일으켜 세우지 못하고 날이 밝아 버림으로써 개벽 세상은 열리지 못했다.

이 땅에 있어서 개벽 세상은 늘 미완의 실패로 끝나곤 했다. 이 땅의 민중들이 구세주를 바라는 설화들 가운데 가장 대표적인 것이 '아기

운주사의 돌부처를 바라보고 있는 스님의 모습.
엉성하게 조각된 불상의 모습이 오히려 큰 깨달음을 줄 것만 같다.

장수 설화'이다.

　…… 한 부부가 아기를 낳아 놓고 보니 겨드랑이에 날개가 달려 있었다. 날개 달린 아기는 장차 역모를 하게 되고, 역모를 꾀하다 실패한 자는 삼족이 멸하게 된다. 그러므로 아기의 날개가 세상에 알려지기 전에 잘라야 한다. 부부는 아기에게 독한 술을 마시게 하고 날개를 칼로 끊었다. 그렇지만 아기는 자라서 역모를 꾀하다가 성사 직전에 발각이 되어 죽게 된다. 아기가 거대한 땅속 세상에서 '조'와 '깨'로 만들어 놓은 군사들과 말들을 정부 군이 칼과 창으로 쳐 죽였고, 그 피는 삼 년 동안이나 흘렀다.

　그럼에도 불구하고 핍박받는 민중들은 늘 구세주로 인해 개벽 세상이 오기를 기대하곤 했다. 개벽 세상은 그 어느 누구도 핍박받지 않는 극락정토 같은 평등한 세상이다. 양반도 상놈도 없는 이상사회. 그러한 세상을 만들어 주려고 오시는 것이 미륵 부처님이다.
　그것은 미륵 하생(下生) 신앙이다. 구세주인 미륵 부처님이 현세에 오시어 개벽 세상(극락정토)을 만들어 준다는 것. 그것은 점차 힘 있는 누구인가가 나타나서 사회를 개혁해 버리기를 바라는 쪽으로 발전했다. 홍경래란, 동학농민혁명군, 일본의 식민 지배 속에서 독립군에게 바라는 것이 그것이었다. 장기 군부독재 속에서, 전라도 사람들이나 민주화를 바라는 모든 사람들이 김대중에게 기대하는 것도 미륵 하생 신앙 그것이었다.
　그러나 내가 보기로는, 운주사의 불탑과 불상들은 그 하생 신앙으로 말미암은 것은 아니다.

  정교한 불상들이 많은 경주 남산은 가시적으로 만들어 놓은 극락 세상(도솔천)이다. 사람은 누구든지 도를 닦아 깨달으면 부처가 되고 부처가 되면 극락정토에 가서 살게 된다. 그것이 미륵 상생(上生) 신앙이다. 경주 남산의 불상들은 그 상생 신앙의 결과이다. 그러나 운주사의 불상들은 경주 남산의 그것들과도 다르다.

  운주사의 불탑과 불상은 과연 누가 어떠한 연유로 조탁하여 세운 것일까.

  세상의 모든 불상들은 가능하면 아름답고 자비롭고 성스럽고 정교하게 새겨야 한다. 불상을 새긴다는 것은 부처님을 믿고 우러러 받드는 신앙이므로. 그런데 운주사의 불상에는 오히려 부처님의 신성을 모독한 듯싶은 불상들이 있다. 그것은 어떠한 연유인가. 그 연유가 풀리면 운주사의 불가사의는 풀리게 된다.

  사람이 극락정토에 이르기 위해서는 보시를 많이 해야 하고, 부처님 말씀을 널리 전해야 하고, 마음이 가난해져야 하고, 부처님의 형상을 많이 새겨야 하고, 불탑을 많이 쌓아야 한다. 그 공덕을 쌓으면 극락 세상으로 가게 된다.

  운주사의 시간과 공간은 그러한 믿음, 경주 남산의 경우와 마찬가지로 상생 신앙이 만들어 낸 것이다. 그런데 경주 남산은 도솔천을 가시화시켜 놓은 곳일 뿐이지만, 운주사 불탑 불상들은 상생 신앙에 하생 신앙이 보태진 것이다.

사람들은 너도나도 불상을 이곳으로 운반해 왔고, 이곳에 산재한 바위에 자기들의 미래의 소망(부처상)을 새기고 탑을 쌓았다. 재산이 넉넉한 토호들은 석공들을 동원하여 정교하게 탑을 만들고 자기들의 미래 부처상을 만들었다. 장인을 동원할 수 없는 가난한 사람들은 손수 망치와 끌을 가지고 와서 서투른 솜씨로 불상을 만들었다. 불상을 만드는 자가 어찌 부처님의 신성을 모독할 생각을 하겠는가. 성심성의껏 조탁할 수밖에 없지 않겠는가.

처음 그림을 그리는 자에게 목탄을 주면서 비너스 상을 스케치하게 하면 영락없이 자기 모습과 닮은 얼굴을 그려 놓는다. 자기의 얼굴이 이미 자기의 머리에 관념화해 있는 것이다. 사람의 얼굴이란 으레 이렇게 자기의 얼굴처럼 생겼거니 하고 생각한다. 그리하여 타인의 얼굴을 그리지만 사실은 자기의 얼굴을 그려 놓는 것이다. 세상에서 자기 얼굴처럼 사랑스러운 것이 있을까. 인간은 거울 속에서, 우물이나 냇물 속에 비친 자기의 얼굴에 취해 산다.

당시의 무지렁이들은 운주사의 공간에다가 자기 미래의 모습을 조각했던 것이다. 그것이 운주사 불상들의 못생긴 이유이고, 그것은 우리 서민 속에 들어 있는 아름답고 슬픈 음화인 것이다. 운주사의 시공은 죽은 다음 가게 될 극락정토였다. 그 정토 속에다가 자기와 사랑하는 자기 가족의 모습들을 만들어 놓음으로써 장차 죽은 다음 그곳에서 영생하려 했던 것이다. 그 일 자체가 하나의 축제이기도 했으리라.

춘양면 대신마을에 해망서원(海望書院)이 있다. '바다를 바라본다는 뜻의 서원 이름이 야릇하여 찾아간다. 해망서원은 지석강의 지류 가운데 하나인 화순군 춘양면을 흐르는 작은 개천이 보이는 해망산록에 자리하고 있다.

돈재 정여해(1450~1520)가 김종직, 김굉필, 정여창, 김일손 등이 무오사화(연산군 때 김일손 등의 신진 사류가 유자광 중심의 훈구파에게 화를 입은 사건), 갑자사화(연산군의 어머니 윤씨의 복위 문제에 얽혀서 일어난 사건)로 참형당하자, 이들의 넋을 위로하려고 해망산록에 해망단을 만들어 향사한 것이다.

호를 돈재라고 한 까닭은 다음과 같다.

무오사화 때 조광조의 스승 김굉필이 순천으로 유배 왔을 때, 연산군에게 올릴 상소 초안을 가지고 가서 보여 주자, 김굉필이 아궁이에 던져 태워 버렸다. 연산군에게 상소를 하는 자는 삼족을 멸하던 시기였으므로.

이리하여 정여해는 화순으로 돌아와 다시는 세상에 나가지 않겠다고 처마 밑에 주역의 64괘 가운데 하나인 천산돈(天山遯)의 '돈' 자를 내어 걸고 도학자로 은둔했다. '돈' 괘는 세상을 피해 숨어 삶을 뜻한다.

많은 선비들이 정여해의 집을 찾아왔다. 해인사의 동봉암에서 승려 생활을 하던, 생육신의 한 사람인 김시습도 정여해를 찾아와 도학을 논했다. 정여해가 김시습에게 보낸 편지가 《돈재문집》에 실려 있는데, 편지 속에는 김시습이 찾아와 여러 날 머물며 정담을 나누었다는 사연이 들어 있다. 나중에 알고 보니, 이분은 내 후배인 소설가 정찬주의 15대 할아버지이다.

산속 마을에서 바다를 바라본다는 것은 무엇일까. 바다는 육지의 모든 강물을 받아 들여 포용하는 시공, 모해(母海)이다. 나는 얼마 전, 중국 돈황에 갔다가 돌아오면서 열반에 든 부처님의 편안한 모습을 찍은 사진을 한 장 가지고 와서 액자에 끼웠는데, 그것의 이름을 '바다'라고 지었었다.

화순군은 예전에 세 개의 현으로 나뉘어 있었다. 화순군, 능주목, 동복현이 그것이다. 지금은 화순읍, 능주면, 동복면이다. 때문에, 화순군에는 여느 군과 달리 화순향교, 능주향교, 동복향교 등 세 개가 있다.

동복현은 다산 정약용의 아버지 정재원이 현감을 지낸 곳이고, 정약전, 정약종, 정약용 형제들이 아버지를 따라와서 공부를 한 곳이다. 다산 정약용은 소년 시절에 아름다운 적벽강(동복천)과 무등산으로부터 강한 인상을 받았고, 그것에 대한 시를 남겼다.

화순에는 두 개의 큰 강이 있는데 하나는 지석강이고, 다른 하나는 동복의 적벽강이다. 지석강은 화순의 모든 지류를 받아들여 영산강으로 흘러가고, 동복의 적벽강은 보성강으로 흘러들어 바다로 들어간다. 그런데 지금의 적벽강은 동복댐으로 막혀 수몰되었다.

동복면 연월리에는 도원서원이 있다. 최산두, 임억령 등을 배향한 서원이다.

최산두(1483~1535)는 광양에서 출생했는데, 김종직, 김굉필을 사숙하고, 1504년(연산군 10)에 생원시에 합격하고 1513년(중종 8)에 별시문과 병과로 합격하여 수찬이 되어 사간, 지평, 사인 등을 역임했다. 기묘사화가 일어나자 조광조 등 신진 사류와 함께 화를 입고 동복으로 유배되어 연월리에서 적거했다. 15년 동안 제자를 양성했는데, 하서 김인후, 미암 양희춘 등 당대의 명사들을 배출했다. 14년 만인 중종 28년에 유배가 풀렸으나 돌아가지 않고 학문에만 전념하며 제자를 양성했다.

임억령(1496~1568)은 해남 출신이다. 학식이 높고 문장이 뛰어났다. 동복 현감 재임시에 최산두가 죽자 호상을 하였고, 동복의 문풍 진작에 힘을 기울였다. 1557년 담양부사를 지냈고, 담양의 문인들과 교류하였다.

능주면 남정리 조광조가 귀양살이한 집과 유허비 앞에 한동안 서 있었다. 모든 세상에는 반드시 새 세상을 만들려는 진보 세력이 있고, 더러운 옛 세상을 그대로 지키려는 보수 세력이 존재한다. 오늘도 그러한 현상은 있다. 두 세력은 보이게 보이지 않게 다툰다. 결국은 늘 살아갈 만한 가치가 있는 새 세상을 만들려고 하는 세력이 이기게 마련이다. 그것을 믿고 나는 늘 희망을 가지고 산다.

지석묘를 보러 간다. 화순의 지석묘는 세계문화유산으로 지정되어 있다.

지석묘는 청동기 시대의 대표적인 무덤으로 고인돌이라고도 부른다. 그 당시 경제력이 있거나 정치권력을 가진 지배층의 무덤으로 알려져 있다. 우리나라 고인돌은 4개의 받침돌을 세워 돌방을 만들고 그 위에 거대하고 평평한 덮개돌을 올려놓는 탁자식의 고인돌과 땅속에 돌방을 만들고 작은 받침돌을 세운 뒤 그 위에 덮개돌을 올린 바둑판식의 고인돌로 구분된다.

청동기시대는, '선사시대(역사 이전의 시대)'를 석기시대, 청동기시대, 철기시대 등의 세 시기로 구분할 때의 두 번째 시기이다. 선사시대는 문헌 자료가 존재하지 않는 시대, 고고학의 발달로 인해 비로소 알게 된 '원시시대'를 말한다.

지석묘는 나주 반남면의 고분군보다 훨씬 이전의, 원시시대의 무덤이다.

기꺼이 안내를 하겠다고 나선 문화 해설사 최순희씨는 자상하고 친절하다.

화순의 지석묘군은 영산강의 지류인 지석강 주변에 형성된 넓은 평지를 배경으로 하고 있다. 이 평지의 남쪽 산기슭을 따라 지석묘들이 연이어 분포하고 있는데, 화순의 지석묘군은 도곡면 효산리와 춘양면 대신리를 잇는 고개의 양 계곡 일대에 약 4.5km에 걸쳐 분포하고 있다. 화순군 도곡면 효산리 일대에 분포한 지석묘군은 총 980여 개의 석재 중 지석 등 하부가 드러난 것 20기, 상석으로 보이는 것 115기 등 총 135기가 고인돌로 추정되며, 현재 상석의 하부가 매몰되어 있거나 도괴된 것 중 상석의 형태를 보이는 석재가 100여 기 이상이다. 노출되어 고인돌로 확인된 것이거나, 고인돌을 축조하기 위해 채석하여 옮겨 온 것을 포함하면 적어도 250여 기 이상이었을 것으로 추정된다.

화순군 춘양면 대신리 일대에 분포한 지석묘들은 총 3,309개의 석재

중 하부가 드러난 것 21기, 상석으로 보이는 것 103기 등 총 124기가 고인돌로 추정된다. 하부가 묻힌 석재나 상석의 형태를 보이는 것이 적어도 200여 기 이상이어서 원래 고인돌이거나 고인돌 상석으로 사용하기 위한 것은 300여 기 이상이었을 것으로 추정된다. 조사된 지석묘 중 지석이 있는 기반식 지석묘는 23기이다. 대신리 지석묘군은 세장산 계곡의 평지 끝 부분부터 계곡 중턱에 이르는 약 1km에 걸쳐 분포하고 있다. 이곳에 지석묘를 만들었던 채석장과 초대형 고인돌(280여 t)이 있다.

나는 많은 것이 궁금하다. 기원전의 원시 부족, 이 지석강 유역의 원주민, 그들은 어떤 신앙을 가지고 있었을까. 한 남자가 많은 아내(一夫多妻)를 데리고 살았을까. 한 사람의 아내가 많은 남편(一妻多夫)들을 데리고 살았을까. 근친상간을 했을까. 물물교환을 했을까. 사냥 잘하는 남자가 여자들에게 인기가 있었을까. 남자들은 모두 다른 부족과 싸우는 전사였을까. 지금 아마존 강 유역의 원시 부족들처럼 여자들은 유방을 모두 내놓은 채 음부만 가리고, 남자들은 페니스 케이스를 차고 살았을까.

화순 지석묘군은 세계문화유산으로 지정되어 있어, 외국의 뜻있는 관광객들이 많이 찾아온다. 때문에 지석묘군을 따라 난 길은 아스콘으로 포장되어 있지 않고 자잘한 자갈이 깔려 있다. 화순군은 지석묘가 있는 산자락의 원형을 그대로 살리려고 애를 쓰고 있다. 문화 해설사는 말한다.

"학자들은 이곳에 하나의 부족국가가 형성되어 있었다고 봅니다. 저 큰 지석묘는 부족장의 것이라고 추정합니다. 대곡리 지석묘에서는 청동 유물이 나왔어요. 가락바퀴(누에고치에서 실을 뽑는 것), 멧돌 따위. 이곳이 청동기시대의 공동묘지이니까 이 근처에 얼마나 많은 원시 부족들이 살았겠습니까."

이 근처 마을의 이름이 재미있다. '달아실'은 한자로 번역하면 월곡(月谷)이다.

지석묘를 보고 나자, 논두렁 밭두렁에 있는 모든 거무칙칙한 바위들이 모두 지석묘로 보인다.

화순 북면 서유리에는 공룡 발자국 화석의 산지가 있는데, 천연기념물 제487호로 지정되었다. 약 1억 년 전의 화석층인데, 1999년 5월 화순 온천 기초 답사 중에 발견되었다. 이 지역에는 육식 공룡 발자국이 다수 발견되는데, 최소한 5마리의 활동 흔적이 보인다. 초식 공룡의 흔적도 보인다.

내가 밟고 다니는 땅은 공룡들이 밟고 다닌 땅이고, 선사시대의 원시 부족들이 밟고 다닌 땅이고, 마한 세력과 백제 세력들이 밟고 다닌 땅이다.

화순 동면 복암리에는 대한석탄공사 소속의 무연탄 광산이 있고, 거기에서 많은 무연탄이 생산되었다. 지표에서 200m 이상 되는 땅속(50도 내지 80도의 급경사의 갱)에서 채탄을 한다. 그 복암리의 무연탄과 북면 서유리의 공룡 발자국 화석과 무슨 관계가 있는 것은 아닐까.

화순 동복은 방랑시인 김삿갓 시인 김병연과 인연이 깊다. 스스로 자기의 조상을 능멸한 것에 대한 회한과 세상에 대한 허무로 인하여 큰 삿갓을 덮어 쓴 채 방방곡곡 방랑의 삶을 산 김삿갓은, 화순 동복의 적벽강의 아름다움에 취하여 화순에서 머물다가 1863년 동복면 구암리 창원 정씨 댁 사랑채에서 한 많은 세상을 하직했다. 그의 시에는 해학과 풍자가 가득 들어 있었다.

화순군 동면 천덕리 새암골 마을에서 태어난 여상연(1914~?)은 일제 강점기와 해방 공간을 산 시인이었다. 새암골 마을은 화순 탄광이 가까이에 있으므로, 어렸을 때부터 화순 탄광 노동자들의 삶과 농촌 마을의 풍경을 보고 자랐다. 1936년 순수 문예지인 〈시인부락〉의 창간과 함께 본격적인 시인의 길로 들어섰다. 서정주, 김동리, 오장환, 김광균 등 12명이 〈시인부락〉 창간 동인들이었다. 그의 시들은 해방 이전에는 일제 치하의 지식인으로서의 고뇌와 좌절에서 헤어나려는 몸부림을 노래했고, 해방 이후에는 계급의식 속에서 노동자, 농민들의 애환과 외세에 대한 저항을 노래했다. 1946년 서울신문사에서 기자 생활과 문학가 동맹에 가입하여 활동하였는데 1947년에 시집 《칠면조》를 간행했다. 이때 김기창 화백이 표지를 그려 주었다. "노고지리 앞서가자 해가 지는 이 벌판……"이라고 민요조로 부르는 〈농부가〉의 원작자도 여상연 시인이다. 1950년대 초까지만 해도 고등학교 음악 교과서에 여상현 작사로 나와 있었는데, 1950년대 후반에 작사자가 이상현으로 바뀌었다. 그가 6.25 때 월북했기 때문이다. 그의 장남도 월북했고, 그리하여 그의 작품 세계도 제대로 평가받지 못하고 있다. 그렇지만, 여상현 시인은 화순의 아름다운 풍경과 그 속의 사람들의 삶을 진솔하고 아름답게 표현했던 화순을 대표하는 서정시인이다.

화가로는 오지호 화백, 강용운 화백이 있다.

오지호 화백(1905~1982)은 전라남도 화순군 동복면 독상리에서 태어났다. 서울 휘문고등보통학교 졸업 후, 신여성 화가인 나해석의 유화 전람회를 보고 화가의 길로 들어서기로 결심했다. 도일하여 도쿄미술학교에서 공부했는데, 24세에 제7회 조선미술전람회에 〈조춘소경〉과 〈창〉이 입선되었다. 송도고등보통학교 미술 교사로 근무하며, 창씨개명 등 일제 시책을 거부하다 9월에 함경남도 서천으로 피신했다. 고향 동복에서 광복을 맞았고, 10월 덕수궁 석조전에서 열린 조선미술건설본부의 주관 해방 기념 미술전에 참가했다. 1946년 조선미술가동맹 미술평론부 위원장, 조선미술동맹 공동부위원장을 역임했다. 1948년 대한민국 정부 수립 후 광주에 정착, 광주 조선미술동맹위원장을 맡고, 10월에 〈무등산〉 등 35점으로 첫 개인전을 열었다. 이후 조선대학교 미술과 교수로 초빙되어 1960년까지 재직했다. 화가로서는 특이하게, 1969년 이희승 등과 함께, 국한문혼용 운동의 일환으로 한국어문교육연구회를 조직하여 활동했다. 국민훈장 모란장을 받고, 대한민국예술원 회원이 되었고, 대한민국예술원상을 수상했다. 광주학생회관에서 오승우, 오승윤 두 아들과 더불어 〈오지호 화백 일가전〉을 열었다. 1982년(78세) 5월 세상을 떠났는데, 금관문화훈장이 추서되었다. 동복면 독상마을에 오지호 생가가 있고, 광주 지산동에 오지호 화백이 살았던 집이 광주시에 의해서 보존되고 있다.

오지호의 그림은 초기에는 인상주의적이었다. 후에 화면이 단순화되고 필치가 능숙해졌다. 말년으로 들어서면서는 그림이 심화되고 한층 단순화되었다. 색채는 청색 계통이 자주 등장하고, 화면이 강렬한 인상을 풍겼다.

한말 의병의 선구자 양회일, 3.1 독립투사 양한묵, 서예가 구철우가 다 화순의 큰 인물들이다. 시인 문병란은 화순 도곡 온천 마을에서 태어났다.

보성 출신인 소설가 정찬주는 쌍봉사 동쪽 산기슭에 '이불재'라는 아담한 작가실에서 살고 있다. 그는 불교 사상에 해박하고 신심이 깊어 주로 불교 세계와 관련이 깊은 책들을 열심히 저술한다. 성철 스님을 주제로 한 전기소설 〈산은 산 물은 물〉, 법정 스님을 주제로 한 전기소설 〈무소유〉, 산문집 〈암자 가는 길〉 따위가 많은 독자들의 눈길을 끌고 가슴을 울렸다.

지석강변을 따라가면 많은 정자를 만나게 된다. 한후정, 침수정, 부춘정, 영벽정, 고사정 등 아주 많다. 영벽정은 지석강변에서 능주를 등진 채 강을 내려다보는 정자인데, 어느 때 누가 건립했는가는 정확치 않다.

고사정은 화순읍 상삼 마을에 있다. 만연산 만연사 계곡에서 흘러온 내와 동면 쪽에서 흘러온 내가 합수하는 곳을 삼천리라고 한다. 삼천(三川)은 쌍봉사 쪽에서 흘러온 지석강에 몸을 섞는다. 고사정은 삼천리에 있다. 고사정(高士亭)의 현판은 조선조 후기의 명필 원교 이광사가 쓴 것으로 글씨가 멋스러우면서도 예쁘고 그윽하고 향기롭다.

이광사(1705~1777)는 나주 벽서 사건(영조가 경종을 독살했다는 내용의 벽보를 붙인 사건)에 큰아버지가 연루되자 연좌제로 인하여 함경도의 부령으로 유배되었다. 그러나 그에게서 글씨를 배우겠다는 젊은이들이 몰려들고 있다는 소문이 돌자, 그의 정적들은 그를 신지도로 유배시켰고, 신지도의 금실촌에서 1777년(정조 즉위년) 8월 26일에 죽었다. 어려서 윤순에게서 글씨를 배웠는데, 해서, 초서, 예서 등에 두루 능하여 원교체라는 것을 만들었다. 그의 글씨는 그가 살아 있던 한 시대를 풍미했다. 모든 사람들이 그의 글씨를 가지고 싶어 했다. 신진도에 유배되어 있을 때는 그의 글씨를 받으러 오는 사람들 때문에 포구에 배 정박시킬 자리가 없을 정도였다고 전해진다. 해남 대흥사와 강진 백련사에 그의 아름답고 예쁜 글씨가 남아 전한다. 《연려실기술》을 쓴 이긍익과 방랑 시인 이영익이 그의 두 아들인데 그들은 아버지가 신지도에서 죽자 시신을 경기도 선산으로 모셨다.

이광사는 정제두에게서 양명학(陽明學 : 지행합일의 실천을 표방하는 사상으로, 앎(知)을 앞세우고 중시하는 개념과 대립됨)을 이어받았는데, 그 당시의 진보적 지식인들에게 많은 영향을 주었다. 강진에 유배된 다산 정약용도 제자들이 가져다준 그의 〈기질론〉을 읽고 공감했다고 전한다.

고사정 밑에는 의병을 일으켰던 자리라는 표지석이 서 있다. 고사정은 임진왜란 뒤 1678년에 건립되었다. 임진왜란 때 이 자리에서 충의공 최경회 장군이 향민과 의병들을 모아 창의하였던 것이다.

화순군 한천면 모산리 포충사에 모셔진 충의공 최경회는 중종 27년 (1532) 하순군 삼천리에서 태어났다. 고봉 기대승 문하에서 수학하고, 진사와 문과에 급제한 다음 사헌부 감찰, 형조좌랑을 거쳐 영암군수, 담양부사 등을 역임한 후 모친의 돌아가심으로 화순 고향에 머무르던 차에, 임진왜란이 일어나자 큰형, 둘째 형과 더불어 의병을 일으켜, 금산 전투, 무주 전투에서 크게 승리했다. 왜적에게 포위된 진주성의 김성일의 구원 요청으로 달려가 1차 승리를 거두었으나 2차 전투에서 패전하자 남강에 투신해 버렸다. 선조 임금이 진주의 창렬사에 최경회 장군을 모시게 했고, 화순군 한천면 모산리에 포충사를 세워 그의 구국 정신을 기리게 하고 충의공이란 시호를 내렸다.

동복의 적벽강변에는 망미정, 물염정이 있다. 적벽이라는 이름은 도원서원에 배향되어 있는 최산두가 중국의 적벽을 떠오르게 한다고 붙인 것이다.

담양의 소쇄원을 축소해 놓은 듯한 '임대정 원림'은 아담하고 아름답다. 조선조 철종 때 사애 민주현이 1862년에 초가를 짓고 원림을 조성한 것으로 정자 곁에 조그마한 연못이 있고, 절벽 아래에 백일홍나무(배롱나무)가 무성하다. 여름이면 백일홍 꽃과 연꽃이 아름다운 정원이다.

화순의 자연은 아름답다. 등 뒤에 드높이 솟아 있는 무등산을 배경으로, 산벚꽃 만발하는 봄철의 세량저수지 수면에 비친 풍광, 안양산 철쭉꽃, 남면의 모후산 계곡의 아름다운 숲, 동복면 연두리의 연두 숲정이, 흰 거위들이 옹기종기 모여 있는 것 같은 백아산의 가을 단풍, 운주사의 겨울 풍경, 이서면 장학리의 적벽 등 이루 헤아릴 수 없다.

화순에 와서 꼭 알고 가야 할 것이 판소리 명창 공창식과 이곳의 부자 남국일에 얽혀 있는 일화이다.

공창식(1887~1936)은 조선조 말기, 나라가 기울어져 가는 시기의 판소리 명창이다. 능주의 범우골에서 태어났는데, 16세 되던 해부터 광주 속골 김채만에게로 가서 소리 공부를 했다. 1912년부터 광주 협률사에 참여하다가, 그것이 해체되자 고향으로 돌아와 제자들을 길렀다. 그 제자 가운데 임방울이 있다. 공창식은 임방울에게 수궁가와 적벽가를 가르쳤다. 공창식의 소리는 서편제로서 여리고 슬픈 계면조이다.

남국일은 일제강점기 화순의 큰 부잣집 아들이라고 알려져 있다. 일본 유학을 다녀온 지식인으로서 판소리를 아주 좋아했고 명창들과 교류를 했다. 공창식을 자기의 생일잔치에 불렀는데, 공창식은 자기 대신 임방울을 보냈고, 임방울이 〈쑥대머리〉를 불러 주었다. 귀명창인 남국일은 임방울이 대단한 명창이 되리라 생각하고, 임방울을 후원하기 시작했다. 그는 당시 17세인 임방울을 위하여 진주에 가 있는 유성준 명창을 화순으로 불러들였다. 만연사의 요사 한 채를 얻고, 유성준을 소리 선생으로 앉힌 다음 임방울을 가르치게 했다. 구례에서 태어난 유성준은 송우룡의 제자로서, 서편제의 공창식과는 다른, 동편제의 명창이다. 유성준은 임방울의 여리고 슬픈 계면조의 소리를 남성적인 우조의 소리로 바꾸어 주었다. 유성준은 수궁가와 적벽가에 능했다. 임방울은 그에게서 다시 수궁가와 적벽가를 받은 것이고, 그로 인하여 훗날 전설적인 판소리 명창이 된 것이다.

임방울이 유성준에게서 판소리 공부를 한 만연사는 화순읍의 나한산(羅漢山 : 만연산) 기슭에 자리한 절이다. 만연사 뒷산 이름이 만연산이라고만 알고 찾아갔다가, 원래 이름이 나한산이라는 것을 알고, 놀라 산을 쳐다보았다. 성자 나한을 느끼게 하는 우람한 산이다. 나한은 아라한의 준말로, 소승 불교에서, 온갖 번뇌를 끊고 사제(四諦)의 이치를 밝히어 얻어서 세상 사람들의 공양을 받을 만한 공덕을 갖춘 성자, 생사를 초월한 부처를 말한다.

고려 희종 4년(1208)에 만연선사가 창건했는데, 괘불지주, 부도, 청동 유물로 동종이 있고, 만연사 괘불이 있다. 화우천(華雨天)이라는 전각이 인상적이다. 꽃비가 내리는 하늘. 그것은 화엄의 꽃비 아닌가.

영암 구림의
상대포에서
무안의 몽수바위까지

영산강 줄기 따라 영암으로 간다.

영암 땅에서 영산강 지류로 대표적인 것이 삼포천과 영암천이다. 삼포천은 영암군 신북면 백룡산에서 발원하여 신북면 소재지를 지나 영암과 나주 사이의 경계가 되면서 북쪽으로 흐르다가 나주시 동강면 장동리 경계에서 영산강 본류와 몸을 섞는다.

영암천은 영암군 영암읍 학송리 불티재 북쪽에서 발원하여, 구절폭포, 철치폭포, 누릿재의 폭포수들과 함께 쌍정제와 사자제에 담겼다가 흘러 월출교 밑을 지나 학송저수지에 담긴다. 그리고 망호천, 금성천, 회문천을 더하여 해창만으로 나간 다음, 호동천과 학파저수지에서 흐른 학산천을 더하여 서호면 금강리에 이르러 영산강으로 흘러들어간다.

또 하나, 영암군 학산면 학계리 흥석산에서 발원한 망월천이 독천을 지나 학산면 석포(돌개)에서 영산강으로 흘러든다.

'영암(靈巖)'이라는 땅 이름과 달이 떠오른다는 뜻의 '월출산'이라는 산의 이름을 지은 사람은, 작명하는 일을 앞에 둔 채 아마 큰 혼란이나 착각을 일으켰으리라. 그 사람은, 하필 바야흐로 대보름달이 떠오르는 순간에 작명을 한 듯싶은데, 아무래도 지명과 산 이름이 바뀐 것 같다. 지명을 '월출' 이라 해야 하고, 산 이름을 '영암(靈巖)' 이라고 해야 하는데.

 세상에 존재하는 것들의 실체가 중요할 뿐, 그것에 대한 이름이 아무러면 어떻겠는가. 그렇지만 금강산 못지않게 기기묘묘하고 아름다운 그 명산의 영검함이 '월출' 이라는 이름만으로는 도무지 성에 차지 않는데 어찌하랴.

 따져 보면 월출산이란 이름은 또 얼마나 걸출한 이름인가. 그 산의 이름은 욕심을 하얗게 비운 마음, 삿된 생각이 씨도 없어져 버린 사무사(思無邪)의 시심으로 지은 이름이지 않는가. 구림에 가서 대보름달을 구경하면 하필 그 산의 이름을 월출산이라고 짓지 않을 수 없었을 심정을 이해할 수 있다. 월출산 너머에서 떠오른 달만큼 곱고 황홀하고 아름다운 달은 있을 수 없다. 그것은 지혜롭고 환희에 찬, 그러면서도 조용하고 숭엄한 얼굴이다. 월출산의 이름은 어쩌면 구림에 사는 사람들이 지었을 공산이 크다. 《원각경》을 읽어 보면 달은 진리를 상징한다. '왜 보라는 달은 보지 않고 그것을 가리키는 손가락만 보느냐' 는 말이 있다.

 거대한 금강석 덩어리들로 장식을 해 놓은 듯하고, 알고구마나 알토란같고 우뻣쭈뻣하고 오밀조밀하면서도 기괴하고 장엄한, 마치 거대한 신(神)들이 쓰는 관 같은 산과 샛노란 달의 조화는, 신이 창조한 것

월출산 위로 달이 떠오르는 전경.

들 가운데 가장 위대한 것이다.

산에 놓여 있는 바위 하나하나는 무심해 보이지 않는다. 그 모두가 어떤 의미인가를 담고 있다. 그것들 하나하나가 나름대로의 현묘한 기(氣)를 가지고 있어서, 각자 바위들 사이사이에 나고 자라는 풀과 꽃과 나무들은 모두 그윽한 약초일 듯싶다. 먹으면 늙지 않는다는 약초를 캐러 온 진시황의 동자와 동녀들이 이 산을 더듬고 다니지 않았을까. 선도(仙道) 속에 나오는 신선들이 이 산의 천왕봉 어디쯤에서 살고 있지 않을까. 만일 사람의 힘으로 이 산을 쉽게 옮겨 갈 수 있는 것이었다면 아마, 한양에 모여든 팔도의 탐욕 많은 모리배들이 벌써 떠메어 가 버렸을 터이다.

《동국여지승람》에서 김극기는 이 산을 찬탄했다.

"……누가 마룻대〔棟樑〕가 부러지고 사람이 시들었다고 한탄할까…… 호랑이를 항복받았다는 그 놀라운 흔적, 과연 그러하구나. 바다의 장삿꾼 백 명(이 부분은 필자의 생각으로, 장보고와 관계되는 뱃사람들)이 옛날에는 바다를 넘어갈 때 산 위의 신의 빛을 아득히 바라보았어라. 산에 올라 성인을 배알하고……"

도선국사가 세상에 살아 있을 적에, 국사는 신으로 추앙받았었다. 산 위로 솟아오르는 달은 어떤 성인의 얼굴, 새 세상을 열어 줄 구세주(미륵)의 얼굴, 사랑하는 그리운 님의 얼굴이다.

나는 콧소리 많은 여가수가 부르는 〈영암 아리랑〉을 좋아한다.

달이 뜬다 달이 뜬다/ 영암 고을에 둥근 달이 뜬다/ ……월출산 천왕봉에 보름달이 뜬다 /아리랑 동동 쓰리랑 동동/ 에헤야 데헤야 어사와 데야 /달 보는 아리랑 님 보는 아리랑 /풍년이 온다 풍년이 온다……

이 산 때문에 영암은 옥색 이내(嵐) 같은 신화에 푹 젖어 있다.

과년한 처녀라고 말할 때 '과' 자는 오이 과(瓜) 자를 쓴다. 그것은 선인들의 지혜로운 은유법과 상징법이다. 과년이란 말은, 처녀가 시집갈 수 있는 나이가 되었다는 말, 즉 오이를 넉넉하게 수용할 수 있는 나이라는 말이다. 오이는 남성의 성기를 상징한다. 그 이야기를 월출산 밑에 내다 놓으면 신화가 되어 버린다.

구림의 한 가문에 과년한 처녀가 냇물(구림의 상대포 인근)에서 빨래를 했다. 상류에서 오이 하나가 둥둥 떠내려 왔으므로 처녀는 그것을 주워서 먹었다. 그 처녀의 성이 김씨라는 설도 있고 최씨라는 설도 있다. 이후 처녀의 몸에 이상이 생겼고, 열 달 뒤에 옥동자를 낳았다. 부모들은 집안 망신을 시킨 딸과 아기를 산모퉁이에 버렸는데, 어디선가 비둘기 떼들이 날아들어 산모와 아기를 날개와 깃털로 감싸 보호하고 입에서 젖을 토해 아기를 길렀다. 그 아이가 장차 자라 큰 스님이 되었다. 그 스님은 풍수지리로써 흉흉했던 신라 말의 인심을 수습했다. 그분이 도선국사라고 전해 온다. 그 비둘기 떼에 관한 전설 때문에 이 고을 이름은 비둘기 구 자가 들어간 구림(鳩林)이 되었다.

백제 때에는 이곳에서 한 성인이 나고 자라 일본에 학문을 전해 주었다. 그 성인이 왕인 박사이다. 고려 태조 왕건의 정치와 통일 사업을 도왔던 천재 청년 최지몽이 또한 이 땅에서 나고 자랐다. 그런가 하면 기개와 풍류의 시인 최경창이 월출산 아래서 나고 자랐다.

땅의 기는 산을 만들고 산은 인물을 만들고 인물은 세상을 살아갈 만한 가치 있는 세상으로 만든다.

시종면 고분군을 보러 가는 길에 서호면의 엄길마을의 지석묘를 본다. 영암군 내에는 1,000개 이상의 지석묘가 분포되어 있다. 서호면에는 167기가 있다. 본래 지석묘가 훨씬 많았는데 한 목사가 교회를 지으면서 많은 수가 파괴되었다. 지금은 그 교회가 철거되었는데 그 과정에서 지석묘 4기가 확인되었다. 이 마을에 오래 전부터 전해 오는 말이 있다.

'뒷산에 글씨바위 하나가 있는데 그것을 해독하면 지석묘 아래에서 금덩어리를 찾을 수 있단다.'

그 글씨바위는 매향비를 말한다. 그 매향비의 축조 연대는 기원전 200 혹은 300년으로 추정된다.

영암 안에 확인된 매향비는 두 개인데, 하나는 이곳 엄길리 뒷산에 있고, 다른 하나는 미암면 채신리에 있다. 엄길리 것은 '엄길리 암각매향명'이라 불린다. 그것은 '엄길리의 바위에 각인된 향나무 묻은 기록'이라는 뜻이다.

연대는 석가모니 열반 후 불기 2349년(서기 1344) 갑신 8월 13일이다. 매향비를 세운 목적이 뚜렷하게 밝혀져 있다. 용화 세상을 바라는 마음으로 처음 법회를 하고 미래에 나타나실 미륵 부처님(구세주)에게 향나무를 바친다는 것.

용화 세상이란 무엇인가. 지금의 부처님 아닌, 미래의 미륵 부처(구세주)가 세상에 나타나서 중생을 구원하는 새 극락 세상을 말한다. 이것은 미륵 하생 신앙이다. 매향 장소와 발원자의 이름, 스님의 법호가 새겨져 있다. 발원자의 이름 앞에 새겨진 '미타계 천만인'이라는 말이 신기롭다. 미타 세상을 바라는 사람들의 모임, 즉 계가 있었다는 것이다.

영산강변에 위치할 뿐만 아니라, 고분군이 산재해 있는 나주의 반남

••• 영암 매향비의 모습. 이 매향비에는 세운 목적이 뚜렷하게 밝혀져 있다. 용화 세상을 바라는 마음으로 미래에 나타나실 미륵 부처님에게 향나무를 바친다는 것이다.

면과 이웃해 있는 영암 시종면의 마한문화공원으로 간다. 그 근처에는 신연리 고분군, 옥야리 고분군, 내동리 쌍무덤 들이 있다. 나주의 반남면과 영암 시종면 일대에는 마한의 세력이 이 땅을 점거하고 살았다. 마한문화공원에는 이 땅의 옛 주인들의 삶의 모습을 추정하여 조성해 놓았다.

영산강 유역 가운데 나를 가장 황홀하게 한 곳은 영암이고, 그 안에서 가장 그윽한 향기가 맴도는 땅은 구림이다.

나는 낭주 최씨의 후손 중의 한 사람인, 광주의 최승호씨를 잘 안다. 서울에서 기자 생활을 하다가 전남 광주로 와서, 옛 전남일보와 광주일보의 편집국장과 사장을 역임한 그와 나는 '형아 동생아' 하는 처지이다. 술자리에서 그는 나에게 자기의 고향 구림에 대한 자랑을 침이

••• 옥야리 고분군의 전경. 영암군에는 40개 군(群) 150기에 달하는 독무덤[甕棺墓]이 집중적으로 분포되어 있다.

마르게 하곤 했다. 그 자랑에 얼이 빠진 나는 당시에 털털거리는 버스를 타고 비포장도로를 달려 구림마을을 찾아 탐사를 했다.

　그때는 왕인 박사가 구림에서 태어났음에 대한 이야기가 바야흐로 싹트는 때였으므로 나는 왕인과 도선국사에 대한 것을 동시에 탐사했다. 그 두 이야기는 겹치고 있었다. 도선이 공부했다는 책굴과 문산재와 마셨다는 샘물(聖泉)은 왕인이 공부하고 마신 그것이다. 왕인은 백제 사람이고, 도선은 신라 후기에서 고려 초기에 걸쳐진 사람이므로 그럴 수 있으리라.

　왕인이 구림 사람이라는 것은 《조선환여승람》에 '백제 고미왕 때 박사 왕인이 성기동에서 태어났다' 는 기록이 있다. 그 책은 일제강점기인 1930년대에 쓰여진 것이므로 신뢰할 수 없다는 말들이 있지만 대부분의 왕인 연구가들은 그것을 믿으려고 든다.

　《신증동국여지승람》 영암군 조에 있는 김극기의 월출산에 대하여 읊은 시를 다시 음미해 보자.

　"……상사(相師)는 신선이 되어 아득하게 편안히 가 버리고, 삽상한 바람 천고에 길이 북돋워, 상사는 지난날에 홀로 갈 날이 있어, 소나무 아래 돌문에서 날마다 놀았구나."

　왕인 연구가들은 이 대목을 일본으로 건너가 일인들에게 천자문을 가르친 왕인을 두고 읊은 거라고 주장한다.

　월출산의 주지봉(朱芝峰) 기슭에 문산재가 있다. 거기에서 50여 m 올라가면 석인상이 있는데, 그것도 왕인을 기려 새겼을 것이라고 그들은 주장한다. 김극기의 시 또 한 구절을 보자.

••• 주지봉 기슭 문산재에서 50여 m 올라간 곳에 있는 왕인 석인상. 왕인은 일본에 백제 문화를 전파한 선구적 인물이었다.

"누가 마룻대(동량)가 부러지고 사람이 시들었다고 한탄할까. '단궁에 현철한 사람이 시들었으니 나는 누구를 따르랴' 라고 한 것은 공자의 죽음을 한탄한 말이다. 하물며 쇠 지팡이를 남겨 벽 구석에 걸어 두었으니 호랑이를 항복받은 이상한 자취가 길이 방불하구나. 바다 장사꾼 백여 명이 옛날에는 바다를 넘어갈 때, 산 위의 신광(神光)을 아득히 바라보았어라. 산에 올라 성인을 배알하고……."

산 위의 성인은 왕인을 두고 한 말일까, 도선을 두고 한 말일까 헷갈린다. 어쨌든, 모든 성스러운 문화 유적은 구림 안에 집대성되어 있다.

구림 앞에 학포 농장이 있는데 그곳은 예전에 바다였다. 왕인 박사는 그 상대포에서 배를 타고 일본으로 건너갔다고 왕인 연구가들은 주장한다. 왕인 박사는 일본의 문화를 일으킨 대석학이었다. 일본인들은 한국 여행 중에 반드시 영암의 왕인 유적지를 숭엄하게 배알하고 간다.

상대포로 흘러 들어가는 냇물에서 최씨 집안(어떤 사람은 김씨라고도 한다)의 처녀는 구시(구유)바위 끝에서 빨래를 하다가 상류에서 떠내려 오는 오이를 먹고 임신을 했고, 그 처녀가 아이를 낳자 부모는 그 아이를 지금의 국사암에 버렸다. 국사암은 도선국사가 갓난아기였을 적에 버려진 바위라는 것이다.

국사암 옆에 최지몽의 유허비가 서 있다.

최지몽(907~987)은 천문 지리와 역성(점술)에 밝은 귀재였다. 왕건이 새 나라를 건설하는 데 많은 도움을 준 인물이다. 그의 어린 시절 이름이 총진이었다. 태조 왕건이 그의 소문을 듣고 불러 휘하에 두고, 자기의 꿈을 해석하라고 하니, 지몽이 "반드시 삼국을 통일할 꿈이다" 하자, 왕건이 그의 이름을 '지몽'이라고 바꾸라고 했다. 그는 왕건 이후의 여러 임금을 잘 보필한 인물이다.

국사암 옆에는 국암사라는 사당이 있는데, 도갑사의 해탈문과 아주 비슷한 모양새로 지었다.

서구림의 고죽관으로 간다. 고죽(孤竹)은 시인이자 문장가인 최경창의 호이다. 최경창과 기생 홍랑의 사랑 이야기는 널리 알려져 있다.

고죽관 앞에는 새까만 오석으로 된 시비가 서 있는데 홍랑의 시가 새겨져 있다. 인구에 회자되는, 사랑의 정이 뚝뚝 흐르는 명시이다.

묏버들 가지 꺾어 보내노라 님에게로

주무시는 창밖에 심어 두고 보소서

봄비에 새 잎 금방 나거든 나인가 여기소서

시에서 사랑이라는 주제는 영원히 사람들을 감동시킨다. 그 시 옆에는 최경창이 번역한 한문시가 쓰여 있다. 그런데 양반 유학자의 기념관에 웬 기생의 시비란 말인가.

조선조 16세기 중반에 세상을 감동시킨 세 사람의 시인(삼당파)이 있었는데, 그들은 이달(생몰 미상), 최경창(1539~1583), 백광훈(1537~1582)이었다. 이달은 충청도 출신이지만, 최경창과 백광훈은 전라도 출신이고, 그들은 자주 교류를 하는 벗이었다.

이달의 시 세계는 애상과 절망이었고, 자유분방한 백호 임제의 시 세계는 격정과 비분강개였고, 백광훈의 시 세계는 우수와 비애였고, 최경창의 시 세계는 기개와 아름다운 풍류였다. 최경창의 시 한 편을 감상해 보자.

예전 장안에 살 때에

흰 모시 치마를 지었지요

그때 헤어지고 나선 차마 입을 수 없네요

노래 부르고 춤춰도 같이 할 수 없으니까요

이것은 임금과 헤어진 슬픔을 읊은 시이다. 율조가 짧으면서도 아름답고 향기롭다.

최경창은 선조 6년(1573) 함경도북도평사가 되어 경성에 갔다가, 그곳에서 기생 홍랑을 만났다. 그들은 서로의 아름다운 시문과 인품에 반하였고, 깊은 사랑에 빠졌는데, 홍랑은 기생 아닌 한 순수한 여인으로서 순교하듯이 순정적인 사랑을 했다. 최경창이 앓아누웠을 때는 병간을 했고, 임진왜란 때는 집안의 모든 살림살이를 버리고 오직 최경창의 시 원고만을 몸에 지니고 피난을 했다. 최경창이 죽자 홍랑이 삼 년 동안 시묘살이를 했고, 홍랑이 죽자 그의 집안사람들은 최경창의 무덤 아래에 그녀를 묻어 주었다. 이 두 사람의 사랑은 당시의 계급과 귀천을 뛰어넘은 지순지고한 것이었다.

구림은 2,200년의 역사를 가진 마을로, 호남의 4대 명촌 가운데 하나로 꼽힌다. 이 마을에는 400년 역사를 가진 대동계가 있다. 지금도 그 명맥을 꿋꿋이 이어 온다. 낭주 최씨, 해주 최씨, 함양 박씨, 창녕 조씨, 연주 현씨, 선산 임씨 들이 주 세력이다.

대동계는 세상이 험악할 때 마을 사람들이 자치적으로 마을을 다스리던 민주적인 협의체이다. 어떤 일을 결정할 때는 한 사람이라도 반대가 있어도 이루어질 수 없다. 누군가가 대동계에 입회하고자 하면 모든 계원들이 투표를 하여 결정했다. 마을에 길을 내는 것, 냇물에 보를 막는 것, 효자 효부를 상찬하는 것, 불효자를 응징하는 것, 후세들을 교육하는 것이 다 이 대동계를 통해 이루어졌다. 이상 사회 건설의 실천적인 모양새이다.

구림 대동계는 호남의 대표적인 향약계이다. 구림 대동계에 관련된 자료는 대동계 청사인 강수당에 소장되어 있다. 구림의 그 마을 헌법은 광해군 때의 것에서 영조 때의 것까지 잘 보존되어 있다.

상대포 옆에는 '불모등'이라는, 나지막하고 길쭉한 산줄기 같은 등성이가 있다. 그것은 도자기 굽는 가마터가 수없이 연이어 있었던 터이다. 옛날에는 수운이 활발했던 포구 옆의 도자기를 구울 수 있는 양질의 흙이 많은 곳에 가마터가 있었다.

영암 구림의 가마터에서는 분청자기 파편들이 많이 나왔다. 분청자기는 고려청자 시기와 조선조 백자 시기를 지나서 만들어진, 이른바 머슴 밥그릇이라고 하는 도자기이다. 그것은 청자나 백자에 비하여 소박하고 고졸하고 질박하고 어눌하여 친근감이 있다. 현대인들은 접근하기 조심스러운 푸른 그릇이나 흰 그릇들보다는, 조심스럽지 않은 소박 고졸한 맛 때문에 분청자기를 선호한다. 일본에서도 청자나 백자보다는 분청자기를 선호하는 사람들이 많다. 내가 토굴에서 지금 사용하고 있는 찻그릇도 분청자기이다.

왕인 박사가 배를 타고 일본으로 건너갔다는 상대포의 드넓은 앞바다는 학파농장으로 변했다. 학파농장은 전라도의 부자 현준호가 1939년에 간척사업을 한 결과물이다.

서호면과 군서면 사이를 막아 갯벌을 농토로 만든 것으로 넓이가 280만 평이다. 한때는 800여 세대가 여기에 목을 대고 살았다. 광복 이후에 소작농민들이 그 농장을 경작하는 자기들의 손에 넘겨 달라고 시위를 했다. 오랜 실랑이 끝에 합의가 이루어졌다. 20년 동안 상환을 한 다음에 농민들에게 넘겨주기로.

　현대 그룹의 여장부로 알려진 현정은 사장이 현준호의 손녀이고, 이들은 구림 대동계 안의 6대 성씨인 연주 현씨 명문가 출신이다.

　현준호(1889~1950)는 영암 구림 출신으로 일본 메이지대학 법학부에 다닐 때 고려대학과 동아일보의 설립자인 김성수, 독립운동가이며 동아일보 사장을 지낸 송진우와 사귀었고, 한국 유학생회에 늘 참석하면서 불우한 유학생들을 많이 도왔다. 귀국 후에는 호남은행을 설립하여 민족계의 은행으로 키웠다. 동아일보 창간, 광주여자고등보통학교 설립, 광주서중학교 설립, 전남대 의과대학 설립 등 민족 교육을 위하여 매진했다.

　그러나 일제강점기 동안 조선통독부의 자문기관인 중추원의 참의를 지내고, 광주 보호관찰심사회의 위원을 지냈다는 이유로, 얼마 전에 친일반민족행위진상위원회가 현준호를 친일 반민족 행위자로 지목하였다. 현정은 회장의 사촌인 현 모씨가 행정안전부장관을 상대로 '현준호는 반민족 행위자가 아니라는 판결을 구한다' 는 소송을 제기하여 일부 승소 판결을 얻어 냈다.

　월출산 동북쪽 기슭에 있는 녹동서원을 찾아간다. 영암의 대표적인 서원이 녹동서원과 죽정서원이다. 녹동서원에 배향된 인물은 전주가 본관인 최덕지 외에 세 사람이다. 대원군 집권 시절 훼철되었다가 후에 중건되었다.

녹동서원은 드높은 담으로 둘러 싸여 있고, 한가운데에 있는 정문에는 태극이 그려져 있고, 굳게 닫혀 있다. 현판은 '적교문(迪敎門)'이라 쓰여 있다. 그 앞에 선 채, '가르침으로 나아가는 문'이라는 뜻을 머리에 굴리며 있다가 관리인이 드나드는 옆문으로 들어갔다. 여느 서원과 다른 점이 없다 싶어 그냥 되돌아 나오다가, 위쪽의 문설주에 정수리를 찧고 말았다. 눈에서 불이 번쩍했고 정수리가 짜개지는 것 같았다.
  '아, 정수리를 찧은 것은 나의 오만 때문이다.'
  극심한 아픔과 후회를 어찌하지 못한 채 정수리를 붙안고 만지며 돌아서서 보니, 문턱은 높고 위쪽 문설주는 낮다. 키 172cm인 나는 고개를 숙이고 허리를 굽히지 않으면 드나들 수 없는 높이이다.
  왜 이렇게 위쪽 문설주를 낮게 했을까. 이 서원 안으로 들어서려면 머리를 숙이라는 것이다. 겸허를 요구하는 문이다.
  《논어》, 《맹자》, 《대학》, 《중용》 등 사서(四書)는 사각형적인 삶을 가르치는데, 《주역》, 《시경》, 《서경》 등 삼경(三經)은 놓여나고 풀어 놓는 열린 삶을 가르친다. 《주역》은 변수를 가르치는 동양 철학의 정수이다. 달도 차면 기울고, 궁하면 통하고, 들어가면 반드시 나오게 된다. 《시경》은 민중들의 가슴(소박한 정서)을 가르친다. 민중의 가슴을 이해하지 못하고 어찌 좋은 지도자가 될 수 있는가. 모름지기 정치 지도자들, 경제를 이끄는 사람들, 의사나 약사나 판사나 검사들은 문학을 통해 민중의 아픈 가슴을 읽을 수 있어야 한다.
  그런데 대개의 유학자들은 사각형적인 삶을 중시할 뿐 열어 놓는 삶을 가벼이 여긴다. 그리하여 향교나 서원은 담을 드높이 쌓고, 높은 대문을 달아 놓고 권위와 숭엄함을 과시한다.

　그와 반대로 도학적인 삶, 불가적인 삶은 무위자연과 자유자재의 삶을 지향한다. 때문에 대개의 절들은 대문도 없고 드높은 담도 쌓지 않는다.

　조선조의 깨어 있는 선비(선비란 말을, '백성을 가엾어 하는 짠한 마음으로 생각하는 지성인'으로 번역할 수 있다고 나는 생각한다)들은 뜻있는 스님들과 교유를 했다. 다산 정약용, 추사 김정희가 그런 사람이다.

　월출산 기슭의 도갑사로 간다. 일주문에 '나라 제일의 선종 대찰'이라는 현판이 걸려 있다.

　도갑사는 신라 헌강왕 6년(880)에 도선국사가 개창한 절이다. 도선국사는 한반도의 형세를 거대한 배가 항해하는 형국이라 생각했다. 태백산과 금강산은 배의 머리요, 월출산은 배를 조종하는 운전석이요, 제주 한라산은 배의 꼬리요, 부안의 변산은 배의 키요, 지리산은 돛대요, 능주의 운주는 배의 복부라고 했다.

　도갑사가 제대로 번창하기 시작한 것은 1456년(세조 5) 수미왕사부터였다. 수미왕사는 국가의 지원을 받아 966칸에 달하는 당우와 전각을 세워 대가람을 만들었다.

　도갑사를 거쳐 간 큰 스님들은 도선국사와 수미왕사를 비롯하여 연담, 초의를 들 수 있다.

　도선국사(827~898)는 영암 구림에서 태어나 15세에 출가하여, 월출산 속에 있는 화엄사(월암사 터 위에 화엄사 터가 있다)에서 공부하고, 20

세에는 구산선문의 하나인 동리산 태안사 혜철 스님에게서 '무설설 무법법(無說說 無法法 : 설법 없는 설법, 진리 없는 진리)'이라는, 알쏭달쏭한 화두를 받아 용맹 정진하였다. 당나라에 가서 산천과 선진 문물을 공부하고 돌아왔다. 37세에 회향하여 광양의 옥룡사에 머물러 수행하고, 천문 지리와 음양오행에 통달하였다.

국사가 된 다음 그는 신라 왕조가 오래 가지 못하리라는 것을 알았고, 배와 같은 땅의 균형을 바로잡기 위하여 방방곡곡에 많은 절들을 세우게 했다. 장차 고려 태조가 될 왕건의 아버지에게 흰 눈이 퍼붓는 때에도 눈이 내리지 않은 곳에 명당을 잡아 줌으로써 왕이 될 아들을 낳게 하였다. 그리고 500년 간 왕업을 누릴 수 있는 송악(지금의 개성)에 왕도를 정해 주었다.

조선 초기의 큰 스님인 나옹의 제자인 굉연 스님이 지은 《고려국사도선전》에는 다음과 같은 기록이 있다.

"……도선과 왕건은 비보사찰 오백 개소를 세웠다. 이에 태봉국의 여러 장수들이 궁예의 어지러운 정치를 보고 왕건을 맞이하여 임금으로 삼고 도선을 국사로 삼아서 삼한을 통합하니, 풀 위의 바람과 같았으니……"

고려의 왕실은 대대로 도선국사에 대한 한없는 존경심을 지니고 받들었다.

도선국사의 풍수지리에 대한 생각들은 오늘날까지도 전해지고 있다. 풍수의 원래 목적은 죽은 자를 위해 자리를 정하는 음택(무덤)을 잡는 데에 있는 것이 아니라, 살아 있는 자들의 평안과 행복을 위해 양택

(산 사람의 집)을 정하는 데에 있는 것이다.

연담 스님(1720~1799)은 대흥사의 13대 종사의 한 분이며 이름은 유일(有一)이고 자는 무이(無二)이다. 이름과 자부터가 선문답이다. 화순에서 태어난 스님은 법천사의 성철 스님에게 출가했다. 어려서부터 총명하여 널리 방대한 서적들을 섭렵했다. 사람됨이 질박 소탈 정직하고 탁 트여 세상의 존경과 추앙을 받았다. 풍부한 학식과 선(禪)에 대한 확철한 견해를 바탕으로 후학들을 위해 많은 저술을 남기고 조리 있게 강설을 했다. 연담 스님은, 강진 백련사에서 유배 중인 다산 정약용에게 많은 도움을 준 혜장 스님과 초의 스님이 가장 존경하는 스님이었다. 해박한 강백이었던 혜장 스님은 다른 스님의 강설에는 "아니야, 아니야" 하며 고개를 갸웃거렸지만 연담의 강설에는 고개를 끄덕거리며 탄성을 질렀다고 전한다. 연담은 세수 80세에 장흥의 보림사(구산선문 중의 으뜸 절)에서 입적했다.

조선 후기의 대 강백이며 대단한 선객으로 이름을 떨친 덕진 스님(1806~1888)도 도갑사에서 강설을 했다.

차의 성인으로 알려진 초의 스님(1786~1866)은 남평의 운흥사 벽봉 민성 스님 밑에서 득도한 다음, 열아홉 살 되던 해에 도갑사에 들어왔는데, 월출산의 산세에 취하여 구정봉 바로 아래에 있는 용암사지 마애여래좌상(국보 제144호)을 친견하고, 서해 바다에 어린 달빛을 보고 큰 깨달음을 얻었다. 초의 스님은 서산대사의 법을 이은 연담 스님의 법손인 완호 스님의 법을 이었다.

초의 스님은 탱화를 그리는 금어(金魚)이기도 하고, 추사 김정희의 평생의 벗으로, 제주 유배살이를 하는 그를 찾아가 위로하기도 한 서예가이고, 시(詩)에 능할 뿐만 아니라 그림에도 능란한 삼절이었다. 화가 소치 허련의 스승이기도 하고, 허련을 추사 김정희에게 천거하여 더 큰 가르침을 얻게 해 준 스님이다. 특히 강진에 유배된 다산 정약용에게서 많은 가르침을 얻은 바 있어, 유교와 불교의 경전에 두루 능한 실사구시의 선승이었다. 당시는 스님들을 하시하는 풍조였으나, 벼슬아치들이나 관리들은 초의와 교유하려 들었고, 그의 시나 글씨를 얻으려고 애를 썼다.

순조의 부마인 해거도인 홍현주의 청을 받아 중국의 《다경》에서 초록한 《다신전》을 발간하고, 조선의 차를 상찬하고 제다법과 음용법을 노래한 《동다송》이란 책을 저술하기도 했다. 당시 선(禪)에 능통한 율사라고 알려진 백파 스님과 추사 김정희가 논전을 하였을 때, 벗인 추사 김정희의 이론에 허점이 보이는 듯하자, 초의 스님은 추사 김정희를 대신하여 백파 스님의 잘못된 이론을 하나하나 꼬집는 논문 〈선문사변만어〉를 발표하기도 했다. 초의 스님이 남긴 저서로는 《일지암 시고》, 《초의집》, 《동다송》, 《진묵조사 유적고》 등이 있다. 아주 드물게 헌종 임금에게서 '대각(大覺) 등계보제자 초의 대선사'라는 스님으로서의 호를 받았고 일지암에서 입적했다. 나는 얼마 전에, 초의 스님의 삶과 사상을 형상화시킨 장편소설 〈초의〉를 출간한 바 있다.

도갑사에는 고찰답게, 관음32신응도, 용암사지 마애여래좌상, 용암사지 동탑과 서탑, 도선수미비, 부도전, 석조여래좌상, 1682년에 제작된 석조(돌을 파서 물을 채워 두는 확), 5층 석탑 등 보물들이 아주 많다.

도갑사를 뒤로 하고 달리는 길 가장자리에는 백일홍 꽃나무들이 늘어서 있다. 이 꽃나무 길은 독천까지 백 리에 걸쳐 있다.

영암 월출산의 동북쪽 아래에 이르러서 놓쳐서는 안 되는 것이 다산 유배 길이다. 월출산을 오른쪽에 끼고 누릿재를 넘어가야 하는 그 길은, 3층 석탑 하나가 남아 있는 월남사지를 거치고, 수백 마리의 청룡들이 꿈틀거리는 듯한 질펀한 차밭을 지나 백운동에 이른다. 백운동 정원은 다산 정약용 선생이 유배 중에 초의 스님과 윤동을 대동하고 와서 하룻밤을 즐긴 그윽한 시공이다. 거기에서 강진으로 넘어가, 천 리 밖으로 유배되어 와서 막상 잘 곳이 없어 방황하는 다산을 주모가 4년 동안 머무르게 한 방 한 간, (당시 강진성 동문 밖에 있던) 사의재(四宜齋)에 들러 막걸리 한 잔을 해야 한다. '사의'는 다산이 마땅히 삼가면서 반드시 지켜야 할 네 가지, 즉 맑은 생각, 엄숙한 용모, 과묵한 말씨, 신중한 행동을 말한다. 다산은 여기에서 삼가고 또 삼가면서 학동 몇을 가르쳤다. 다음은 다산이 한 해 동안 머문 고성사의 보은산방에 들러, 흑산도(우이도)에 유배중인 형님을 그리워하며 통곡했다는 우이봉에 올라 우이도를 바라보고, 다산초당에 들러 다산의 체취를 느낀 다음, 다산이 혜장 스님을 만나기 위해 걸어 다닌 자드락길을 따라 백련사에 이른다. 유학자의 정심(正心 : 깨달음)을 배울 수 있는 다산초당에서 백련사 쪽으로 뻗어 올라간 그 자드락길은 불교의 선풍, 자유자재(自由自在)로 나아가는 길이다. 그 길 아래쪽에 다산의 견고한 향훈이 서려 있다면 위쪽에는 혜장 스님의 그윽한 그늘이 서려 있다.

삼호읍의 대불산업단지를 지나 영암호를 보러 간다. 영암호는 영암 금호방조제가 1996년 11월 준공되면서 만들어진 대규모 호수이다. 영암 금호방조제는 영암군 삼호면 삼포리에서 해남군 화원면 별암리까지 4.3km에 이르는 바다를 막은 간척사업으로, 2만 2,049ha 간척지와 3억 1,700t의 농공업용수가 확보되었다. 이 일대는 먹이가 풍부한 개펄과 넓은 수면, 따뜻한 기온 때문에 겨울 철새 100여 종 30만 마리 이상이 서식하고 있다. 방조제를 사이에 두고 담수와 해수가 갈리므로, 담수어와 해수어 낚시를 동시에 즐길 수 있는 곳이기도 하다.

대불공단에 현대삼호중공업이 들어섬으로 인해서, 삼호면은 삼호읍이 되었고, 그곳의 인구는 영암읍의 인구보다 훨씬 많다. 현대중공업의 협력업체들이 즐비하기 때문이다.

점심때가 되었다. 이곳의 음식은 낙지탕과 짱뚱이탕이 대표적인 것이다. 독천의 낙지골목에 가서 낙지탕을 먹을 것인가, 삼호읍에서 짱뚱이탕을 먹을 것인가 고민했다.

"영산강 하구 둑이 막힌 다음 영암에는 이제 바다가 없어졌는데 독천에 웬 낙지골목이 있어요?"

나의 물음에 안내를 맡은 문화 해설사는 이제 무안산 낙지를 가져다 쓴다고 한다. 짱뚱이탕을 먹기로 했다.

짱뚱이는 망둑어과의 바닷물고기이다. 정약전의 《현산어보(玆山魚譜)》에는 그 고기의 눈이 튀어나온 모양을 두고 철목어(凸目魚)라고 했다. 다 큰 것의 몸길이는 약 18cm쯤이고, 몸은 가늘고 길며 뒤로 갈수록 점차 납작해진다. 몸 색깔은 검푸른 색이고 배는 더 연하다. 남녀의 정력에 좋다고 알려져 있다. 이 식당에 손님들이 북적거린다. 얼큰한 짱둥이탕에 흰 밥을 말아서 먹는다. 배가 고파서인지, 맛깔스럽게 잘 끓인 것이어서인지 맛이 좋다.

무안 몽탄에서
목포 앞바다까지

　무안군 몽탄면 달산리의 구리치 서쪽에서 발원한 남창천은 목우암의 동쪽 기슭을 타고 성재안 골에 이르러, 법천사 쪽에서 흐른 물을 더하여 달산저수지에 담긴다. 저수지 밑에서는 승달산에서 흐른 물을 보태서 감돈저수지에 담긴다. 감돈저수지를 나온 물은 일로읍 소재지 서쪽을 지나 암소머리 밑에서 영산강과 합류한다.
　화산저수지에서 흐른 작은 냇물은 인의산을 보듬고 돈 다음 영산강으로 흘러들어 간다.

　무안으로 가면서 연꽃을 생각한다. 세상의 꽃들 가운데서 연꽃처럼 아름답고 색정적이고 숭엄한 느낌을 주는 꽃이 있을까. 홍련은 선연한 사랑과 피의 색깔이고, 백련은 순백과 순수의 덩어리 그 자체이다. 백련을 바라보는 사람의 몸은 온통 순수로 가득 차 버린다. 연꽃은 피기 직전 봉긋해 있을 때에 발기해 있는 남근이 연상되기도 하고 성난 젖꼭지가 연상되기도 한다. 그것은 솟구쳐 오른 힘, 강한 생명력이다. 활짝 피었을 때는 꽃잎들 한가운데에 샛노란 금강석 기둥이 들어 있다.

약야의 방죽에 연꽃잎 따는 처녀
달콤한 웃음으로 주고받는 말없는 말
찬연한 옷단장 물속에 비치고
꽃향기 바람 타고 가슴 깃 하늘로 너울너울

이태백의 시 〈채련곡〉을 생각하며 무안으로 연꽃 보러 간다. 무안 사람들은 십 몇 만 평의 방죽에 백련꽃을 키운다. 그 연꽃을, 큰 잔치 열어 세상을 향해 자랑하려고 든다. 왜 그토록 연꽃 가꾸기에 심혈을 기울이고 자랑을 하려고 할까.

연꽃은 깨달음의 꽃이다. 석가모니가 연꽃을 들어 제자들에게 보였다. 모두 그것이 무슨 뜻인지 깨닫지 못하여 어리둥절하고 있었으나, 수제자 가섭만은 깊은 참뜻을 깨닫고 빙그레 미소를 지었다. 제자들에게 말 너머 저쪽의 깊고 드높은 가르침(禪)을 위해 선택된 연꽃. 가섭은 그 꽃을 통해 무엇을 알아차렸기 때문에 빙그레 웃었을까.

연은 진흙탕 물에 뿌리와 줄기를 묻고 있다. 진흙탕 물에는 세상의 온갖 신성함과 더러움이 다 들어 있다. 쥐나 고양이의 시체 썩은 물이 들어 있고, 사람, 짐승, 물고기의 배설물이 들어 있다. 연뿌리는 그 진흙물을 더럽다고 하지 않고 그들과 삶을 함께하면서 그것을 다 빨아먹음으로써 정화시킨다. 그와 동시에 줄기 끝에 깨끗하고 아름답고 고운 꽃을 피워 낸다.

위로는 아름답고 향기로운 깨달음을 구하는 삶을 살되, 아래로는 자기보다 못 먹고 못 살고 헐벗고 서럽게 사는 사람들하고 아픈 삶을 함께 하는 삶(上求菩提 下化衆生)이 연꽃의 삶이다.

노자도 "나의 빛을 부드럽게 하여 나보다 천한 사람들하고 아픈 삶을 함께 해야 한다(和光同塵)"고 말했다. 예수는 한 마리 병든 양을 구하기 위해 수만 마리의 양떼를 머물러 기다리게 했다.

자기의 빛이 깨끗하고 강한 것만 앞세우고 어둠과 티끌에 젖어 있는 다른 사람 앞에서 군림하는 것은 결벽증이고 교만이고 죄악이다.

인간은 세상에다가 꽃을 장식하려고 한다. 꽃은 좋은 일 하기, 즉 보살행이다. 화엄(華嚴)이 그것이다. 거지에게 동전 한 닢 던져 주는 것도 꽃을 피우는 일이다. 인간은 좋은 일 하기로써 이 세상을 아름답게 장식하기 위해서 태어났다.

무안 사람들이 십 몇 만 평의 땅에 연꽃을 심어 가꾸는 것은 그것을 보러 온 사람들에게 그 꽃처럼 아름답고 향기로운 삶을 살라고 가르치려는 것이다. 힘쓸 무(務) 자와 편안할 안(安) 자를 쓰는 '무안'이란 지명은 '고을 원님이 백성들의 편안한 삶을 위해 힘쓴다'는 뜻이다.

250년 전, 새로 부임한 무안현감은 글줄이나 읽었다고 오만했다. 어느 날 승달산 기슭에서 노루 사냥을 한 다음 말을 타고 돌아가다가 앞에 지나가는 중이 깨달음 깊은 초의 스님이란 말을 듣고 빈정거리듯이 말했다.

"너 이놈, 승달산 중놈아, 승달(僧達)이나 제대로 했느냐?"

'승달'이란 말은 스님들이 마음을 깨끗하게 닦고 중생을 제도하는 일을 말한다. 이 말에 초의 스님이 현감에게 말했다.

"무안현감놈아, 그래 너는 '무안(백성들을 편안하도록 노력)'이나 제대로 해 놓고 사냥하러 다니고 있느냐?"

그 말에 눈이 번쩍 뜨인 무안현감이 말에서 내려 초의에게 삼배를 했다고 하는 그 일화를 지금의 무안군수는 알고 있을까.

무안이 목포와 무안으로 나누어지기 이전에는 무안 안에 '승달산(僧達山)'과 '유달산(儒達山)' 둘이 있었다. 승달산은 스님들이 진리를 깨닫는 산이고, 유달산은 유학 선비들이 진리를 깨닫는 산이었다.

그 승달산을 가슴 한복판에 품고 사는 무안 사람들이 심어 가꾸는 연꽃을 찬미하지 않을 수 없다. 연꽃을 보고 그 연꽃을 닮지 않을 수 없고, 그러한 연꽃이 되어 이 세상에 장식되려고 노력하지 않을 수 없다. 극락이나 천국을 꿈꾸지 않을 수 없다. 무안 사람들의 꿈대로 이 세상은 살아갈 만한 가치가 있는 아름답고 향기로운 새 세상, 그야말로 천국이 될 것이다.

영산강은 무안 땅과 나주 땅을 양 옆에 끼고 흐른다. 가령 몽탄을 말할 때 '무안 몽탄'이라고 말하기도 하고, '나주 몽탄'이라고 말하기도 한다.

무안 출신 희곡작가 조순형 씨가 고맙게도 나를 안내하겠다고 나섰다. 그는 '품바' 보존회장이다. 작고한 김시라가 무안에서 한 번 공연한 그것을 서울로 들고 가서 공연을 함으로써 전국적으로 알려진 〈품바〉는 1인 단막극이다. 한 시골 마을에서 공연된 것이 전국을 감동시킨 연극은 〈품바〉가 처음이다.

조순형씨를 따라, 무안천과 함평천이 합류하여 영산강으로 들어가는 곳에서부터 하류로 내려가다가 몽탄면 청룡마을에 위치한 파군교(破軍)를 건넌다.

'파군교'. 서남해의 해상권을 장악하고 있는 고려 태조 왕건을 견훤이 수백 척의 함선으로 공격했을 때, 왕권의 군대는 열세에 몰리게 되었다. 혈로를 뚫으려다 밤이 되어 잠을 자는데, 왕권의 꿈에 신선이 나타나 말했다.

"지금 강물이 얕아졌으니, 군사를 이동시켜 매복했다가 공격하여라."

신선의 말마따나 썰물로 인해 강물이 얕아져 있었다. 신속하게 파군천으로 군사를 이동시켜 매복시키고 화공법을 써서 견훤의 군사를 격파시켰다. 그리하여 이 다리를 파군교라 이른다.

파군교저수지에 이르러 조순형씨가 말한다.

"고려 태조 왕건의 군대와 견훤의 군대가 가장 치열하게 싸운 이곳은 지금 저수지이지만 옛날에는 시퍼런 바다였어요."

등 뒤쪽으로는 호남선 철길과 고속도로가 흘러가고 있다. 남쪽으로 가면 전라남도 도청을 품고 있는 남악 신도시가 있고, 좀 더 나아가면 목포 종착역이 있다.

식영정(息營亭)으로 간다. 담양 지실의 식영정(息影亭)과 동음이지만 한자로 쓰면 다르다. '쉼을 경영한다는 뜻'의 정자이다. 그냥 쉬는 것이 아니고, 소요하면서 후학을 가르친다는 것이다.

나이 오백 년의 팽나무와 느티나무로 둘러 싸여 있는 무안의 식영정은 방 둘을 들였는데, 앞칸의 방은, 사방의 벽처럼 둘려 있는 네 개의 창문을 들어 올려 천장에 걸어 놓으면 감쪽같이 없어지게 되어 있다. 전라남도 문화재 제237호이다. 식영정은 몽탄면 나주 임씨들의 배뫼마을 강변의 높은 언덕 위에서 질펀한 영산강 물너울을 내려다보고 있다.

 우승지, 통정대부, 형조참의, 영암군수, 진주목사, 남원부사를 지낸 한호 임연(1589~1648)이 1630년 제자들에게 강학을 하고, 소요하기 위해 지은 정자이다. 이 정자에 앉아 보면 강의 물너울이 넉넉하게 질펀하다. 비로소 영산강도 제법 큰 강이라는 실감이 난다. 강 건너편에서

••• 식영정에서 바라본 앞강. 식영정은 배뫼마을 강변의 높은 언덕 위에서 질펀한 영산강 물너울을 내려다보고 있다.

달려온 물결이 식영정의 언덕 아래에 와서 철벅거린다.

"식영정 뒤쪽에 있는 마을이 배뫼마을인데, 이곳이 예전에 배를 만드는 곳이었어요."

순간 나는 생각했다. 순우리말을 한자말로 번역하는 관리들이, '배뫼'를 먹는 과일인 배의 이산(梨山)이라고 번역한 것은 잘못이다. 배를 만든 곳이었다면 당연히 배 주(舟)를 쓰거나 배 선(船) 자를 써서 주산(舟山)이나 선산(船山)이 되었어야 한다.

강물이 굽이돌아가는 느러지 끝자락에 있는 최부의 무덤으로 간다. 최부(1454~1504)는 조선조 문신인데, 김굉필의 문하에서 공부했다. 그는 나주의 동강면 사람인데 강을 건너와서 이곳에 묻힌 것이다.

여러 관직을 거쳐 홍문관 부교리가 된 그해 제주에 갔는데, 부친상을 당해 육지로 나오다가 풍파로 표류하여, 중국 저장성까지 갔다. 반년 뒤 한양으로 돌아온 그는 임금의 명에 따라 《표해록(漂海錄)》을 집필했다. 뱃길에서의 위태로움, 중국 연안의 해로, 기후, 산천, 도로, 관부, 풍속, 민요 등을 기록한 책이다. 그는 나중에 수차를 제작하여, 충청도 지방의 가뭄에 큰 도움을 주었는데, 무오사화(김일손 등의 신진 사류가 유자광 중심의 훈구 세력에게 화를 입은 사건) 때 유배되었다가 갑자사화(연산군의 죽은 어머니에 대한 보복을 한 사건) 때 사약을 받고 세상을 떠났다.

강줄기를 따라 내려가다가 장어구이로 유명한 명산마을에 이르렀다. 옛날에는 거기에 명산역이 있었고, 몽탄나루터가 있었다. 여기가 나루터임을 말해 주는 흔적인 부두가 남아 있다. 돌로 쌓은 부두는 강물 안으로 깊숙하게 뻗어 가다가 멈추었다.

"옛날에는 나주 동강면 사람들이 광주로 가려면, 나룻배를 타고 이리로 건너와 명산역에서 기차를 탔습니다. 그런데 이제는 나루터뿐만 아니고 명산역마저도 없어졌어요."

무안과 나주 사이에는 무려 270개 정도의 나루터가 있었는데, 지금 남아 있는 것은 하나도 없다. 물론 그 흔적과 이름들은 그대로 남아 있다. 생기미나루, 주룡나루, 소댕이나루……

"영산강 하류에 등대가 하나 있습니다."

조순형씨는 나를 명수등대로 안내한다. 일제의 강점기 때 이곳 관리들은 1934년 몽탄진 등대를 강 한가운데에 있는 명수바위 위에 설치했다. 그러나 기찻길 버스길이 터진 다음 영산포와 목포 사이의 수운이 시들해지자 점화를 해 보지도 않고 이때껏 방치했는데, 그로부터 70년이 지나서, 그것의 귀중함을 알아차린 무안의 뜻있는 사람들이 2009년 1월 1일에 점화를 했다.

왕인 박사가 일본으로 갈 때 배를 탔다는 영암의 상대포 쪽에서 흘러온 영암천과 영산강이 몸을 섞는 곳에서 약간 상류 쪽(목포에서 뱃길로 20여 km 거슬러 오르는 곳)에 넓적한 바위가 하나가 있는데, 그것이 명수바위이고 그 위에 등대가 서 있다.

예전에는, 명수바위가 썰물 때에 드러나고 밀물 때에 물속에 잠겼었다. 등대의 상부는 원주 철조 목표구(圓株 鐵造 目標球)형이고, 하부는

동강면의 들판과 그 너머 보이는 영산강의 모습.

타원형 콘크리트조이다. 높이 7.6m, 간조 때 보이는 바위는 1.5m이다. 명수바위에 전설이 서려 있다.

영산강변 마을에 가난한 모자가 살았다. 어머니가 이 바위에서 굴(석화)을 따는데 아들은 해질 무렵, 술에 취하여 그 사실을 깜빡 잊어버렸다. 밀물은 밀려드는데, 아들은 배를 타고 어머니를 모시러 오지 않는다. 어머니는 세찬 물살을 견디면서 "명수야, 명수야" 하고 애타게 불렀다. 아들은 끝내 배를 저어 오지 않았고, 어머니는 물에 휩쓸려 죽었다. 뒤늦게 술에서 깨어난 아들은 땅을 치며 통곡했다. 모자의 한이 서려 있는 바위를 사람들은 명수바위라 불렀다.

청계면 월선 예술인 마을로 간다. 이 마을에는 분청 도예가, 화가, 시인들 15명쯤이 한데 어우러져 산다. 촌장은 도예가 김문호이다. 그는 바야흐로 서울 전람회를 준비 중이다. 도자기의 분위기가 독특하면서도 그윽하고 아름다운데 어딘가 눈에 익다. 바람벽에 스승과 제자가 마주 앉아 있는 사진이 걸려 있다. 그 스승은 허연 갈래머리를 하고 있는 윤광조이다. 지금은 경주에서 작품 제작에 열중하고 있는 윤광조 작가와 나는 잘 아는 처지이다. 윤광조의 가마가 경기도의 광주에 있을 적에 자주 왕래하며 막걸리를 마시고 꽹과리를 쳤었다.

목포가 고향인 김문호 작가는 많은 제자들과 함께 열정적으로 작품을 제작하고 있다. 가슴이 따뜻한 그로부터 차를 대접받고 찻그릇 선물을 받아 들고 마을을 나섰다.

산굽이를 돌아가는데, '김우진 선생 초혼묘'라는 푯말이 보인다. 차에서 내려 묘를 찾아 참배하려고 이 골짝 저 골짝을 헤매다가 결국 무덤을 찾지 못했다. 나중에 알고 보니, 푯말이 있는 자리가 바로 초혼 무덤 자리라 한다.

김우진은 현해탄에서 윤심덕과의 정사를 한 희곡작가이자 연출가이다. 윤심덕이 불러 대유행을 시킨 〈사(死)의 찬미〉는 루마니아 작곡가 이바노 비치의 〈도나우 강의 잔물결〉 곡의 주제 부분에다가 김우진이 가사를 붙인 것이다. 허무의 그림자가 짙게 드리워진 그 노래는 일제의 압박에 움츠러든 조선인들의 심금을 울렸다.

"광막한 황야에 달리는 인생아

너희 가는 곳 그 어데이냐

쓸쓸한 세상 험악한 고해에

너는 무엇을 찾으려 하느냐

눈물로 된 이 세상 나 죽으면 고만일까

행복 찾는 인생들아, 너 찾는 것 설움"

일로읍 의산리 밤나무골 공동묘지 아래 있는 천사촌으로 간다. 천사촌 입구에 새로 세운 비석 하나가 서 있다. '품바' 발상지를 기리는 비석이다. '품바'는 거지들이 걸식을 하면서 부르는 장타령이다.

어얼 시구시구 들어간다 저얼 시구시구 들어간다

작년에 왔던 각설이 죽지도 않고 또 왔네
　　어얼 시구시구 들어간다 지얼 시구시구 들어간다

　　밥은 바빠서 못 먹고 죽은 죽어도 못 먹고
　　술은 수리수리 잘 넘어간다
　　어얼 시구시구 잘 한다 품바품바 잘도 한다

　비문의 내용을 요약하면 이렇다. 거지 대장 '천작은'은 일제 말기 목포의 부두 노동자로 일했는데, 강제 공출한 곡식을 일본으로 실어 내는 것에 분노하여 파업을 하다가 지명수배를 당하자 이곳 일로로 피신해 장터와 기와 공장 땅굴 등을 숙소로 삼고 걸인 행각을 하며 이곳 천사촌에 머물렀다는 것.

　무안의 '품바'가 세상에 널리 알려진 것은 김시라(1945~2001)에 의해서이다. 무안군 일로면 월암리에서 태어난 김시라는 본명이 김천동이다. 목포고와 고려대와 그 대학원을 다닌 그는 연극 연출가, 희곡작가로 활동하다가, 천사촌의 거지 대장 천작은의 일대기를 연극 '품바'로 형상화시켰다.
　광주 민중 항쟁이 일어난 이듬해(1981년) 무안 일로 월암리 공회당에서 처음 공연을 했다. 구전민요 각설이타령인 품바와 마당극 형식과 무대극을 결합한 연극이다. 작품의 배경은 일로읍 천사촌(걸인촌)이다. 천작은은 걸인 100여 명과 함께 천사회를 조직하고, 민폐를 끼치는 자는 엄하게 응징하는 규율을 세워 천사회를 이끌었다. 고단하고 신산한 삶을 해학적이면서도 진지하게, 소극적이면서도 치열한 저항 정신을 담아 상징적으로 형상화시켰는데, 그것은 역사의 격동기를 살았던 민초들의 삶을 대변한다. 초연 이래, 호암아트홀에서 20년 기념 공연을 하는 등 5,000여 회 공연으로 한국 기네스북에 오르기도 했다.

희곡작가인 조순형씨는 품바 보존회를 이끌고 있다. 해마다 한 차례씩 전국품바대회를 연다. 방방곡곡의 내로라하는 품바꾼들이 몰려들어 기량을 자랑한다.

회산 백련지(白蓮池)로 간다. 일로읍 복용리에 있는 이 백련지는 일제강점기에 우리 선인들의 피와 땀으로 축조한 저수지이다. 면적은 10만 평이다. 두 개의 저수지가 합해져 인근의 250여 ha의 농경지에 물을 공급하는 기능을 가진 것이었는데, 영산강 하구 둑이 건설된 후 사실상 농업용수 공급의 기능을 상실했으므로, 무안군이 백련저수지로 만든 것이다.

아름답고 고운 흰 연꽃에 덮여 있는 이 회산저수지는 슬픈 분노의 역사를 가지고 있다.

이 땅이 일제에 강점당하고 있던 1925년, 이곳 일로의 동남쪽 인의산 돈도리에서 회도를 잇는 방조제가 완공됨으로써 드넓은 간척지가 확보되었다. 이 땅 주민들의 피와 땀으로 말미암은 것이었다. 2,000m나 되는 둑을 축조한 주체는 일본인 히토미로 쿠타로(人見鹿太郎)였다.

그는 5,000마지기 크기의 '영화(榮和 : 에니화)' 농장을 차렸다.

그 간척지 논들의 염분을 자꾸 우려내야 하므로 다량의 물이 필요했다. 그 염분 우려내는 역할을 위해 회산의 백련저수지를 조성했다. 주변에는 마땅한 수원이 없으므로, 1928년 몽탄면 당호리 파군교 일대에 수원지를 마련하고, 10리가 넘는 도수로를 통해 관개하여 회산저수지에 물을 담았다. 그 결과 회산 1호 방죽은 저수량이 45만 8,000t, 제2호 방죽은 111만 3,000t이었다.

영화농장은 용산리에 본부를 두고, 1935년 명산 일대에 제2농장, 용호동 북편에 제3농장을 건설했다. 용산리 광장에는 대형 창고 3동이 있고, 보조 창고 정미소 사무실이 있었다. 모든 간척지에서 수확된 쌀은 최고의 미질이었다. 벼 수확기에는 탈곡기 200여 대가 가동되었다. 수확한 곡물은 협궤 철로를 이용하여 운송되어, 돈도리 제방의 수문통 포구에 대기하고 있는 배에 200가마니씩 실려 목포로 보내졌다. 영화농장과 일로면 일대의 농토는 일제 수탈의 거점이었다.

승달산 기슭의 법천사와 목우암으로 간다. 법천사와 목우암에는 초의 스님의 발길이 닿은 곳이다.

법천사 입구의 길 양옆 가장자리에는 석장승 둘이 서 있다. 양쪽에 서 있는 석장승의 얼굴이 후덕하여 보인다. 장승 앞에는 자잘한 돌탑이 쌓여 있다. 장승의 코는 납작하게 뭉개져 있는 것을 시멘트로 보완해 놓았다. 아들 낳지 못하는 여자가 장승의 코를 갈아 먹으면 효험이 있다는 속설 때문에 그 코가 피해를 입은 것이다.

법천사는 대흥사의 말사이다. 725년에 서역 금지국의 승려 정명이 창건하였고, 1131년에서 1162년 사이에 원나라 임천사의 승려 원명이 중창하였다.

원명은 이곳에다 초암을 짓고 수행을 하였는데, 그의 제자 500명이 찾아와서 크게 중창한 뒤 함께 달도하였으므로, 산 이름을 승달산으로 바꾸었다고 한다.

그 뒤 1622년에 영욱이 중창하였으며, 1896년에 폐허로 변한 것을 1913년에 나주에 살던 병우가 조그마한 암자로 새로 건립하였다. 그러나 6.25 때 불타 없어졌고, 1964년에 승려 활연이 다시 세웠다. 유물로는 약 2,000여 평의 사지뿐이다. 초의 스님이 설법을 하러 왔을 때는 이 절이 어떤 모양새였을까.

부속 암자인 목우암으로 간다. 목우암은 원나라 승려 원명이 초암을 짓고 살았던 곳이며 현재 대웅전과 축성각, 요사채 등의 당우들이 있다. 대웅전 안에는 목조삼존불이 봉안되어 있으며, 법당 앞에는 1681년 조성한 석등이 있다.

축성각은 정면 4칸, 측면 2칸으로, 정확한 건립 연대는 알 수 없지만 조선 후기 인조 때 중창하면서 복원한 것으로 추정된다. 내부에는 본존불 외 24구의 나한상을 봉안한 나한전과 산신당의 2칸으로 나뉘어 있다.

법천사에 들렀다가 돌아가는 초의 스님과 사냥을 나온 오만한 무안 현감이 만났다는 곳은 어디일까.

목포에 인접한 삼향읍의 왕산리 봉수산 기슭에 있는 초의 스님 탄생지로 간다. 목포 앞바다와 영산강 물이 몸을 섞는 거대한 물너울의 한 어름에 탄생지가 있다.

'대각문(大覺門)'이라는 현판이 달려 있는, 하늘을 찌를 듯한 솟을대문 앞에 서면서 나는 거부감을 느낀다. 이 솟을대문은 향교풍이고 권위적이다. 큰 깨달음의 문이라는 대각문 안으로 들어선다.

봉수산을 배경으로, 비탈진 곳에 절의 전각과 비슷한 건물들을 배치한 모습이 아산 현충사를 모방한 것인 듯싶다.

맨 위에 다성사(茶聖祠)가 있고, 그것의 양옆에 두 개의 큰 전각이 있다. 하나는 추사의 글씨로 된 '竹爐之室(죽로지실)'이라는 현판이 걸려 있는 조선 차의 역사박물관이고, 다른 하나는 초의선원이다.

그 밑에 초의선사기념관과 교육관이 있고, 자그마한 연못 옆에 정자가 있다. 대흥사 뒷편의 일지암을 본떠 지은 초지붕의 일지암(一枝盦)이 있고, 초가로 된 생가가 있고, 차와 찻그릇 판매장이 있고, 관리 사무소가 있다. 그리고 차 문화 체험관이 있다. 일지암 앞에는 초의의 동상과 추사의 친필 글씨 '茗禪(명선)'이란 두 글자의 비석과 '정좌처 다반향초 묘용시 수류화개(靜坐處 茶半香草 妙用時 水流花開)'라는 비석이 나란히 서 있다.

'명선'이란 것은 '차와 선은 한 가지 맛'이란 뜻이고, '정좌처……'라는 시는 '조용히 앉아 있을 때는 차를 반쯤 끓였을 때의 향기 같고, 오묘하게 행동을 했을 때는 물 흐르듯 꽃 피듯'이라는 뜻으로 초의의 사람됨을 표현해 주는 시다. 이 시는 추사 김정희가 초의를 위하여 써

준 것인데, 송나라 때의 시인 산곡 황정견의 시이다.

다성사에는 초의 스님의 영정이 모셔져 있다. 기념관에는 초의 스님의 글씨와 그림들이 걸려 있다. 그런데 저 세상의 초의 스님이 자기의 탄생지를 이렇게 거대하게 꾸며 놓은 것을 본다면 무어라고 말씀을 하실까.

이 성지를 조성한 사람들의 속내가 너무 뻔하다. 차 문화 체험관까지 조성하고, 판매장이 있다면 너무 상업적이지 않는가. 이것은 살풍경이다.

복원해 놓은 초의 생가 앞에 서서 초의가 말년에 쓴 시 〈고향에 돌아와서〉라는 시를 생각한다.

> 멀리 고향을 떠난 지 사십 년 만에
> 희어진 머리를 깨닫지 못하고 돌아왔네
> 새터의 마을은 풀에 묻혀 집은 간 데 없고
> 옛 무덤은 이끼만 끼어 발자국마다 수심이 차네
> 마음은 죽었는데 한스러움은 어디로부터 일어나는가
> 피가 말라 눈물조차 흐르지 않네
> 이 외로운 중, 다시 구름 따라 떠나노니
> 아서라, 죽을 때 고향을 향해 머리를 두른다는 말 참으로 부끄럽구나

초의 스님의 탄생지를 복원하여 찾아오는 사람들에게 보여 준다는 것은 무엇인가. 초의 스님의 넋을 부른다는 것(초혼)이고, 그 넋과 만나

대화하게 해 준다는 것이다. 초의 스님을 만난다는 것은 초의 스님에게서 그의 풀옷 같은 깨끗하고 청렴한 깨달음의 삶을 배운다는 것이다. 그런데 아산 현충사를 떠올리게 하는 이 번다스러운 건축물들은 초의 스님을 욕되게 하고 있지 않을까, 걱정이 어깨를 짓누른다.

대각문을 뒤로 하고, 해남의 두륜산 속에 있는 대흥사의 일지암으로 달려간다.

절은 왜 깊은 산속에 있고, 암자는 왜 그 절 뒤편의 더욱 고요하고 그윽한 숲 속에 자리하고 있는가. 사람들은 왜 그 고요한 곳에 자리한 암자를 찾아가는가. 비유하자면 절과 암자는 일종의 정신병원인 셈이다. 그 어떤 병원에서도 치유받을 수 없는 마음의 병을 치유하기 위해 가는 치유의 그윽한 시공.

초의 스님의 마음의 향기 맡으려고 대흥사 일지암에 간다.

심장병이나 위장병이 있는 사람, 치아가 좋지 않은 사람은 대개 탐욕과 오기가 많은 사람이라고 흔히 말한다. 탐욕이 많은 사람은 사랑하는 마음과 미워하는 마음이 짙어 있기 마련이고, 그러면 질투와 시기 또한 두껍기 마련이고, 세상을 향해 복수하듯이 살고 오기와 객기로 살아가기 마련이다. 그렇게 살아가려다 보니까 여느 사람보다 이를 앙다물고 살기 때문에 이빨이 상하게 된다는 것이다. 나도 한때 심장병 위장병이 심했고 이빨도 부실하다. 따지고 보면 탐욕 때문일 터이다. 마음의 병은 탐욕으로 말미암고 탐욕은 몸의 병을 불러온다. 이런저런 탐욕 때문에 밤새도록 앓고 났을 때 일지암을 찾아간다.

일지암에 가면서는 나옹 스님의 선시를 떠올린다.

> 청산은 나를 보고 말없이 살라 하고
> 창공은 나를 보고 티 없이 살라 하네
> 사랑도 벗어 놓고 미움도 벗어 놓고
> 물같이 바람같이 살다가 가라 하네

빈손으로 왔다가 호주머니 없는 옷을 입고 빈손인 채 저 세상으로 바람같이 사라져 가는 우리들 아닌가. 일지암에 가면 일지암이 가지고 있는 '의미의 그물' 속에 걸려들어야 한다. 초가지붕을 얹은 그 암자의 문 앞에 설 때마다 현판을 쳐다본다. '한 개의 나뭇가지로 지은 집(一枝庵)'이라니 그게 무슨 뜻인가. '뱁새는 늘 한 마음으로 욕심 부리지 않고 깨끗하게 살기 때문에 나무 한 가지에서도 넉넉하게 편히 쉴 수 있다'는 〈한산시〉에서 따온 말이다.

초의 스님은 열다섯 살까지 할아버지의 밑에서 유학을 공부하다가 열여섯 살에 나주 남평 운흥사로 가 벽봉 민성 스님에게서 머리를 깎고 대흥사 완호 스님에게서 구족계를 받았는데, '초의'라는 이름은 은사인 완호 스님이 지어 준 것이다. 내가 생각하기로, 은사인 완호 스님은 젊은 초의의 현란한 머리를 걱정하여 이 법호를 내렸을 터이다.

'초의'라는 의미의 그물은 다음과 같은 고로 묶여 있다. 한 가닥은 '조용한 곳에 숨어 사는 사람이 입는 옷, 혹은 그런 옷을 입고 사는 청정한 사람, 나무뿌리로 배를 채우고 솔잎과 풀옷으로 몸을 가리고 사는 사람'을 뜻한다. 다른 한 가닥은 '굴을 파고 그 속을 나뭇가지로 얽어 보금자리를 삼고 나무 열매를 먹으며 사는 사람'이라는 뜻이다.

완호 스님은 천재 초의에게 노자와 장자의 무위자연의 순수라는 옷을 덧입혀 주고 싶었던 것이다.

흔히 말하기를 초의 스님을 차의 중시조 혹은 차의 성인이라고 한다. 초의는 그의 현란하고 박식하고 순수한 정신으로 유학 선비들과 교류를 하며 그들을 차를 통해 제도한 실사구시의 선승이었다.

초의 스님은 스물네 살 되던 해에 24세 연상인 다산 정약용과 첫 대면을 하게 되고, 30세 되던 해에 경기도의 수종사에 갔다가 동갑인 추사 김정희를 대면한다. 허기진 듯 선지식을 찾아 수행을 하여 온 초의는 다산 정약용을 하나의 맑은 거울로 삼아 자기를 비춰 보곤 했다. 추사 김정희하고는 평생의 지기로서 영혼의 교통 교감을 하며 살았다. 강진에서 유배 생활을 하던 다산 정약용은 아들 또래인 초의에게서 많은 정신적인 위안을 얻었고, 추사 김정희는 아우처럼 어리광을 하듯 차를 구걸하곤 했다. 당대 유학자들은 모두 초의와 사귀고 싶어 했고 시를 받고 싶어 했다. 초의는 차를 통해 많은 사람들을 제도했다.

'옛날 성현들이 모두 차를 좋아한 것은 차가 군자의 성품과 같이 사특함이 없기 때문'이라고 누군가가 읊었다. '차(茶)'의 어원은 범어 '알가'에서 왔다. 알가는 시원이란 말이다. 시원은 어떤 욕심에도 사로잡히지 않은 순백의 상태, 순수이다. 순수란 것은 우주 속에서 영원히 변치 않는 태양 같은 참모습이다. 《열반경》은 '순수'라는 것을 이렇게 말한다.

　태어날 때부터 장님인 사람이 내가 먹고 자란 젖의 색깔은 어떤 것이냐고 물었다. 질문을 받은 사람이 대답했다. 그것은 하얀 조개 색깔과 같다고. 장님이 조개의 색은 어떤 것이냐고 물었다. 그것은 쌀가루와 같다고 대답했다. 장님이 쌀가루는 어떤 색이냐고 물었다. 흰 눈 같다고 대답했다. 흰 눈은 어떤 색이냐고 물었다. 그것은 흰 학과 같다고 말했다. 그 모든 설명을 들었지만 장님은 그게 어떤 색깔인지 알 수 없노라고 한탄했다.

　젖의 색깔을 알지 못하는 눈은 우주의 참모습 혹은 순수를 보지 못하는 눈이다. 그러나 장님도 마음의 눈을 뜬다면 그것을 볼 수 있다.
　초의는 마음의 눈을 뜨지 못한 유학 선비들에게 차를 가르침으로써 마음의 눈을 뜨게 한 것이었다. 차의 맛과 향은 선(禪)과 같고, 선의 향과 맛은 차와 같다. 선과 차는 순수, 혹은 순리, 우리들의 삶이 궁극적으로 도달해야 하는 참모습 그 자체이다. 대흥사 일지암에 가서 그 암자를 둘러싸고 있는 산을 둘러보고 텅 빈 하늘을 보면 그것이 보인다.
　초의 스님의 선시 한 대목을 머리에 굴리며 돌아간다.

　　눈앞을 가리는 꽃나무들을 쳐 내니
　　먼 데 산이 보이네

눈앞을 가리는 꽃나무는 나를 홀리는 유혹이고, 먼 데 산은 더 큰 세상, 혹은 진리이다.

해남에 오면 반드시 녹우당(綠雨堂)에 들러야 한다. 녹우당은 우람하면서도 덕성스러운 덕음산(德陰山) 아래에 있다. 녹우당에 가면 고산 윤선도(1587~1671)와 공재 윤두서(1668~1715)를 만날 수 있다. 녹우당은 해남 윤씨의 종택이다. 조용헌은 그의 책 《5백년 내력의 명문가 이야기》에서 이렇게 말한다.

"윤선도 고택은 그야말로 녹색의 장원이라고 부를 수 있는 집이다. 그만큼 격이 느껴지는 집이다. 그 격은 건물이 아니라 고택이 자리 잡고 있는 터에서 느껴지는 호방함에서 나온다…… 윤선도 고택은 '유교적 만다라'가 구현되어 있다고 말할 수 있다."

흔히들, 한국 가사 문학의 꽃을 피운 사람은 송강 정철이고, 시가 문학을 꽃 피운 사람은 고산 윤선도라고 말한다. 한국 시가 문학의 태두인 윤선도는 서울 종로구 연지동에서 태어나 명동에서 자라다가 8세의 나이에 강원도관찰사를 지낸 큰아버지 윤유기의 양자로 입양되어 해남으로 내려왔다.

녹우당은 윤선도의 4대 조부인 윤효정이 연동에 거처를 정하면서 지은 15세기 중엽의 건물이다. 고산이 정치에 회의를 느끼고 해남으로 귀향하여 개축을 했다. 고산의 증손자인 공재 윤두서 역시 정치에 뜻을 접고 이곳에서 지내게 되었다.

거대한 늙은 은행나무가 녹우당 입구를 지키고 무거우면서도 그윽

겨울 눈 내린 녹우당의 모습.
여름철 푸른 비가 내리는 녹우당의 모습도 운치 있지만 백설 속에 잠겨 있는 녹우당 또한 아름답다.
녹우당은 윤선도와 윤두서를 배출한 해남 윤씨의 종택이다.

한 분위기를 조성하고 있다. 대문은 소박하여 거부감을 느끼지 않게 한다. 안채로 들어가는 중문도 옆으로 나 있다. 모든 출입구는 남쪽을 향하고 있다. 작은 정원과 사랑채가 있다. 사랑채 현판 '綠雨堂'은 윤두서와 친했던 옥동 이서(동국진체의 창시자)가 쓴 것이다. 집 뒤편에는 비자나무 숲이 있는데, 바람이 불면 비자나무 잎이 흔들리며 비 내리는 듯한 소리를 낸다고 해서 녹우당이라 했다 한다. 푸른 비가 내리는 집.

안채에는 윤선도의 14대손인 윤형석씨가 살고 있다. 녹우당은 조선시대 상류층의 주거 문화를 엿볼 수 있는 대표적인 공간이지만 우리의 옛집들이 그러하듯 친자연적인 삶을 지향하는 소박함이 느껴진다.

강진에서 18년 간 유배살이를 한 다산 정약용은 자기가 외탁을 했다고 말했는데, 그의 어머니는 공재 윤두서의 증손녀이다. 다산이 공재 윤두서의 그림에 대한 평을 한 것 보면, 그가 녹우당엘 다녀갔음에 틀림없다. 녹우당에는 선비 화가 공재 윤두서의 작품들이 보관되어 있다. 국보 제240호인 공재의 극사실적인 자화상, 한 발을 살짝 들고 있는 유하백마도, 산수도, 쟁기질과 석공, 나물 캐는 여인, 짚신 삼는 노인 등.

진도에서 나고 자란 소치 허련은 그의 자서전에서, 어린 시절 녹우당에 찾아가 공재 윤두서의 후손들에게서 공재의 작품들을 빌려다가 무수히 모사했음을 고백한다. 소치가 그렇게 할 수 있도록 도와준 사람이 초의 스님이라고 알려져 있다.

조용헌의 말마따나 윤선도 고택을 유교적인 만다라라고 말할 수 있다면, 이 고택은 한국 예술의 유교적인 만다라, 혹은 뿌리라고 말할 수 있지 않을까.

영산강과
몸을 섞는
목포 앞바다

    담양에서 시원하여 장성, 광주, 나주, 화순, 영암, 함평, 무안을 감돌아 흘러온 영산강은 하구 둑 밑을 흘러 목포 앞의 어머니 바다(母海)로 흘러들어 간다.

    1970년대부터, '김대중주의자'를 자처하며 살았던 내 젊은 시절의 목포는 항구가 아니고 눈물이었다. 내게 있어서는 '목포의 눈물'과 '눈물의 목포'가 동의어였다.

> ……사공의 뱃노래 가물거리면
> 삼학도 파도 깊이 스며드는데
> 부두의 새악시 아롱 젖은 옷자락
> 이별의 눈물이냐 목포의 설음
>
> 삼백 년 원한 품은 노적봉 밑에
> 임 자취 완연하다 서글픈 정조

유달산 바람도 영산강을 안으니
임 그려 우는 마음 목포의 사랑

예나 이제나 항구도시 목포는 참으로 신비롭고 묘한 시공이다.
편하게 앉을 수 있는 자리를 찾지 못한 새처럼 서울의 이 거리 저 거리를 헤맬 때, 술에 취하면 늘 이 노래를 부르면서 눈물 흘리곤 했다. 그 노래 부르면서 눈물짓곤 한 것이 어찌 나뿐이었으랴.
그러나 이난영의 〈목포의 눈물〉만으로는 목포를 제대로 읽을 수 없다.
호남선의 열차가 영산강변에 놓인 철길을 타고 달려가다가 마지막

••• 목포 시내와 그 건너편으로 보이는 삼학도의 모습. 목포의 눈물에 등장하는 이 풍경은 호남인들에게 눈물과 한의 정서로 다가온다.

으로 멈추어 서지 않으면 안 되는 자리에 목포가 놓여 있는데, 그 철도는 일본 제국의 식민 통치의 주구이던 조선총독부가 전라도 일대에서 생산되는 쌀과 콩과 목화와 황소를 목포로 실어 낸 다음 일본으로 가져갈 목적으로 만든 철도였다.

목포를 제대로 읽으려면, 김지하의 시 〈황토〉에서부터 읽어야 한다.

 ……황톳길에 선연한

 핏자욱 핏자욱 따라

 나는 간다 애비야

 네가 죽었고

 지금은 검고 해만 타는 곳

 두 손엔 철삿줄……

김지하의 뿌리를 캐면 목포가 보이기 시작한다. 김지하는 1920년대 목포를 거점으로 활동했던 한 연극단원의 아들이다. 그 연극단원을 이끈 사람이 김우진이다. 연극단장이자 희곡작가이고 소설가이고, 민족주의자인 아버지에게서 물려받은 한 회사의 사장이고 제1세대 일본 유학생이던 김우진.

김우진의 집은 지금의 목포 북교동 성당 자리에 있었다. 한 해 전에 작고한, 목포에서 나고 자란 최하림 시인의 말에 의하면, 그 집은 '김장생집'이라고 불렸다 한다. 당시 아이들은 성벽 같은 그 집의 담 위를 오르내리며 놀곤 했다. 김우진의 아버지는 김성규이다. 상성합명회사를 운영하여 많은 돈을 벌었고, 그 돈으로 아들 김우진을 유학시켰다. 김우진은 일본 유학생들을 중심으로 연극단을 구성해서 활동했다.

김우진의 뿌리를 좀 더 깊이 캐 들어가 보면 1894(갑오)년의 동학농민군 이야기가 있다.

전라도 일대의 동학농민군들이 전주성에 들어가 전라감영을 장악했을 때 감사(지금의 도지사)는 진즉에 도망쳐 버렸다. 전라감영의 최고 실세인 총서(총무국장)와 녹두장군 전봉준이 만났다. 총서는 전봉준 등의 동학농민군 지도부가 원하는 대로 군자금과 무기를 대 주었다. 그 총서가 김우진의 아버지 김성규이다.

김우진(1897~1926)은 당시 식민지 시대와 일제로부터 착취당하는 민족과 사회와 전통 윤리 의식과 철저하게 갈등 대립하며 살았던 비운의 천재 청년 지식인이었다. 아버지 김성규는 민족을 구하겠다는 생각으로 호남광의의숙을 설립했고, 김우진은 그 의숙을 수료했다. 김성규는 민족을 구하려면 조선의 농업을 일으켜야 한다면서 김우진을 일본의 고마모도현립농업학교에 유학시켰다.

1921년 여름에 귀국한 김우진은 일본 유학생들과 노동자들의 모임인 동우회로부터 회관 건립 기금 모금을 위한 여름철의 순회공연 연극단을 조직해 달라는 부탁을 받았다. 그는 고학생 구제와 자신들의 연극 이념을 실현하기 위해 조영희 작 〈김영일의 죽음〉, 그의 애인 윤심덕을 짝사랑한 홍난파의 소설을 각색한 〈최후의 악수〉를 레퍼토리로 마련했다. 그 극단은 부산을 시발로 해서 40일간 25개 도시를 돌며 근대적인 연극을 선보였는데 가는 곳마다 관중과 언론의 열렬한 지지를 받았다.

1924년 학업을 마치고 귀국한 김우진은 아버지의 합명회사 사장직을 억지로 떠맡았다. 예술적인 열정을 어찌하지 못한 그는 낮에 회사 일을 하고 밤에 독서와 집필을 했다.

목포 부두 노동자들이 일제의 노동력 착취에 항의하여 동맹파업을 일으켰을 때, 김우진은 회사 사장답지 않게 7개월간이나 그들 가족의 생계를 은밀하게 도왔으며 여러 고학 동지들의 학비를 대 주었다.

목포에서 '5월회'라는 문학 서클을 조직하고, 〈5월〉이라는 잡지를 사비로 창간하였는데, 거기에 '창작을 권한다'라는 글을 실었다. 그가 남긴 작품은 소설 3편, 시 48편, 수필 13편, 문예 비평 10편, 희곡 5편, 일기와 산문 등이다. 대표적인 작품은 〈정오〉, 〈난파〉, 〈산돼지〉.

김우진은 목포를 예술의 도시로 자라도록 씨를 뿌리고 한국 연극을 앞에서 이끌어간 선구자이다.

그는 〈이광수류의 문학을 매장하라〉, 〈내가 본 계급문학과 비평가〉라는 논문을 통해서 계몽적 민족주의와 인도주의의 허구성을 신랄하게 비판했다. '조선말 없는 조선 문단에 한 마디 함'에서는 순수한 조선어의 부흥과 개량을 역설했고, '새 문전(文典)의 제정과 사전의 출현', 구비 전설과 민요, 동요의 수집을 촉구했으며, 우리의 독특한 시가율을 가질 것과 외국 문학의 우리말 번역, 신문 잡지의 대중화 등을 주장했다.

그는 자기가 겪은 시대적 고통을 희곡 속에 적절히 투영함으로써 계몽적 민족주의나 인도주의 내지 감상주의에 머물렀던 기성 문단을 훨씬 뛰어넘은 선구적 극작가였으며, 표현주의를 직접 작품으로 실험한 우리나라 유일의 극작가였다. 또한 해박한 식견과 선구적 비평안을 가지고 당대 연극계와 문단에 탁월한 이론을 제시한 평론가이며 우리나라 최초로 신극 운동을 일으킨 연극 운동가로 평가된다.

그런데 김우진은 레코드 취입을 위해 일본 오사카 레코드사에 간 윤심덕과 동행했다가, 시모노세키에서 부산행 연락선을 타고 돌아오는 길에, 새벽 4시에 현해탄에 몸을 던져 버렸다.

그들은 왜 정사를 했을까. 일제 식민지 지식인들의 절망이 그토록 깊었을까.

목포에 노래가 성한 것은 1920년대부터 성업을 한 창고업 때문이라는 설이 있다. 창고로 몰려드는 신안, 무안, 해남, 강진, 장흥, 영암, 함평, 나주의 목화와 쌀과 콩과 소금을 손질하는 노동자들이 구름 같았고, 그 속에서 많은 노래가 불렸는데, 이난영도 그들 속에서 나온 것이다.

'목포'라고 할 때 '나무 木' 자를 쓰지만, 사실은 그 '목'이 서해와 남해를 아우르고 가르는 '목'을 뜻한다. 그 목에 자리한 항구도시 목포에 가면 가슴이 우둔거린다. 목포는 신화로서 다가온다. 그 항구의 부두에 서면 신안군의 이런저런 섬들로 떠나고 싶어진다.

해안통의 길바닥, 비린내 나는 짙푸른 바다, 알토란같은 유달산, 슬픈 전설이 어려 있는 삼학도, 세발낙지와 소주, 우이도로 흑산도로 홍도로 가거도로 떠나는 카페리호…… 그 모든 것들은 신화에 뿌리를 대고 있다. 호남선의 시발점이자 종착점인 목포역.

　신산하고 파란만장의 삶의 역정을 걸어 온 한 정치인 김대중 때문이었을까. 목포라는 시공이 그러한 에너지를 가진 것이었을까. 목포는 김대중을 키워 주고 그에게 계속 힘을 실어 준 땅이었고, 전라도 사람들의 서글픈 희망이었다. 시퍼런 군사독재 속에서 김대중이 옥살이를 했을 때, 전라도 사람들은 야구단 해태 타이거즈를 응원하려고 야구장에 갔고, 가서는 〈목포의 눈물〉을 응원가로 부르고 또 불렀다.
　이제 목포는 눈물의 항구가 아니다. 몇 번의 죽을 고비를 넘긴, 역사상 가장 진보적이고 열린 마음의, 노벨 평화상을 수상한 대통령을 만들어 낸 자부심의 도시이고 예술의 항구이다. 바야흐로 서해안 시대로 웅비하는 목포는 짠물 출렁거리는 영산강의 어머니 바다인 항구이다.

　　영산강 안개 속에 기적이 울고
　　삼학도 등대 아래 갈매기 우는
　　그리운 내 고향 목포는 항구다

　목포는 담양에서부터 장성, 광주, 나주, 화순, 영암, 무안 땅을 굽이굽이 흘러온 영산강물을 품어 안은 짠물의 도시이다. 내가 '짠물'이라고 말하는 것은 목포만이 가지고 있는 짱짱한 철심 같은 의기 때문이다.

'목포'라는 이름은 《고려사》라는 역사책에서 처음 나온다.

조선 세종 21년(1439)에는 '목포 만호진'이 설치되었으며, 임진란 때에는 목포 고하도에 이순신 장군이 친히 수군진을 설치하여 108일 동안 머물렀으며, 1897년 10월 1일 목포항이 개항되었다. 그 후 1910년 일제가 국권을 빼앗던 해의 10월 1일 '목포부'로 고쳐 부르게 되었다. 1932년에는 무안군의 일부 지역을 더하여 8.6km²의 도시 면적에 인구 6만인 전국 6대 도시의 하나로 성장하여 김, 면화, 쌀, 소금(1흑 3백)의 집산지로 널리 알려지게 되었다. 1949년 8월 15일 '목포부'를 비로소 '목포시'로 고쳐 부르게 된 후 오늘에 이르렀다.

목포는 개항되기 이전 250가호 미만의 작은 어촌이었다. 거룻배 몇십 척이 정박해 있곤 한 하나의 작은 포구였다. 그런데 개항이 되자 일본인들과 조선 사람들이 몰려들어 정착하기 시작한 것이고, 일제의 조선 식민지 수탈의 거점 항구가 된 것이다. 그리하여 목포 안에는 일제의 흔적들이 아주 많다.

목포 최초의 불교 관계 유물을 찾아간다. 목포의 첫 불교 사원인 동본원사 목포 별원의 정식 명칭은 일본의 대표적인 종파인 '진종 대곡파 동본원사'이다. 진종 본원사는 사람을 죽인 악인조차도 구원해 준다고 믿는다.

동본원사 목포 별원은 1898년 4월 목포의 첫 불교 사원으로 세워져 목포심상고등학교 설립 인가를 받기도 했다. 현재의 석조 건물은 1930

년대 후반에 지어진 장방형의 단층 건물로 전형적인 일본식 건축양식을 띠고 있다. 해방 이후 정광사의 관리를 받다가 목포중앙교회에서 1957년부터 사용한 건물로, 절이 교회가 된 이색적인 약력을 지니고 있다.

일제의 강점기 때 일본 정부는 일본 불교와 한국 불교를 통합하려고 들었다. 한국 불교의 뜻있는 스님들, 만해 한용운, 경운 스님 등은 일본 불교와의 통합에 저항하기 위해 임제종을 창립했다.

중앙동의 목포 근대역사박물관으로 간다. 이것은 예전에 동양척식주식회사 목포 지사 건물이었다. 이 건물은 근세 서양 건축의 양식을 잘 간직하고 있다. 동양척식주식회사는 일제의 식민 정책의 선봉 기관이고, 조선 농민 수탈 기관으로서 일제 식민지 지배 정책의 첨병이었다. 남한 지역의 동양척식주식회사 지점들은 목포와 부산에 남아 있는데, 부산 건물의 규모는 목포보다 작다. 부산의 동척 지점 건물은 그 동안 미문화원에서 사용하다가 반환되어 부산 근대 역사관으로 조성하여 운영하고 있다.

동양척식주식회사 목포 지점 건물은 1920년경의 공공시설물로서는 이 지역에서 유일하게 남아 있고, 일본 제국주의 사상이 근대 건축물에 상징적으로 표출되어 있다는 점에서, 교육 공간으로 활용 가치가 높다. 2006년 7월, 목포시는 이 건물을 근대 시기의 목포 및 일제강점기 관련 자료를 전시하는 근대 역사관으로 조성 운영하고 있다. 1층과 2층에는 대부분 사진 자료들이 전시되고 있는데, 소름이 끼치는 잔인

한 사진들이 많다.

　대의동 영사관 건물로 간다. 이 건물은 목포에서 가장 오래된 건물이다. 목포항이 개항된 다음, 1898년 10월 일본영사관이 목포에 설치됨에 따라 영사관으로 지은 것이다. 당시 공사비 7만여 원을 들여 1900년 1월에 착공하여 12월에 완공한 것이라는 일본인들의 기록이 전해 온다. 광복 이후 1947년부터 목포 시청, 1974년부터는 시립 도서관으로 사용되다가, 목포문화원으로 사용된 바 있다. 개항 이후, 이 건물이 지어질 당시만 하더라도 높이 13.65m의 목포 최초의 서양식 건물이면서 가장 높은 건물이었다. 건물의 외형은 장방형의 2층 구조에 붉은 벽돌과 흰색 벽돌을 사용하였고, 좌우대칭으로 전면은 정연하게 배치되어 안정감이 있어 보인다. 현관은 목재로 입구를 돌출시켰고, 창문은 오르내림창이다. 시청으로 사용하던 시절에 건물의 주변에 설치한 부속 건물들과의 연결 통로를 만들기 위해 벽돌을 헐었다가 다시 복원해 놓은 흔적들이 있다. 6.25 당시 공중폭격으로 인해 건물의 외부가 조금 손상된 모습이 눈에 띤다. 이 건물은 옛 관청 건물이 지니는 위풍당당함을 간직하고 있다. 여기서 놓쳐서는 안 될 것이 있는데, 그것은 건물의 중심부 상단에 일본 국화의 문양이 새겨져 있는 점과 양측 벽면의 상단에 일장기 모형의 벽돌 배치, 건물 내부 벽난로에 새겨진 벚꽃 문양 등이 있다는 것이다. 건물 뒤란 양쪽에는 제2차 세계대전 때에 활용한 방공호들과 간이 신사 터도 남아 있다.

　유달동에 있는 이훈동 정원으로 간다.

••• 대의동에 남아 있는 구일본영사관의 모습. 개항 이후, 이 건물이 지어질 당시만 하더라도 목포 최초의 서양식 건물이면서 가장 높은 건물이었다.

20여 년 전 나는 성옥문화재단에서 주는 문화상을 받으러 이곳에 온 적이 있다. 역대의 여러 대통령들이 목포에 오면 이 정원 속의 집에서 하룻밤을 자고 간다고 했었다.

목포시의 명산인 유달산 남동쪽 기슭에 자리 잡고 있는 이 정원은 1930년대 일본인 우치다니 만페이(內谷萬平)가 서원 양식의 저택을 짓고 꾸민 것이다. 해방 후 60여 년을 지나는 동안에 원형을 잃기는 했으나, 난대성 상록수를 많이 심고 정연하게 잘라 심고 다듬어 통일성을 이루었다는 것, 정원 안에 일본식 석등들이 여럿 있는 것, 일본식 5층 석탑과 7층탑 등이 배치되어 있다는 점에서 일본식 정원의 분위기를 넉넉히 느낄 수 있다. 정원은 입구 정원, 안뜰 정원, 임천 정원, 후원으로 이루어져 있다. 입구 정원의 정문에서 현관에 이르는 통로는 직선으로 중앙선을 긋고, 양편에 네모의 백색 부분과 네모의 자갈깔이 부분을 엇바꿔 배치한 다음 콘크리트 포장을 했으며, 그 양편을 꽝꽝나무로 갓돌림하고 안쪽의 공간에다 향나무, 종려, 다매화, 은테사철, 모과나무, 배롱나무, 사쓰기철쭉 등을 심었으며, 현관 바로 앞에 일본식 석등을 배치하였다. 안뜰 정원은 잔디 마당을 바탕으로 하고 후박나무와 후피향나무, 종가시나무 등을 심었다. 서쪽의 임천원(林泉園)에는 히말라야시이다, 주목, 삼나무, 편백나무, 종가시, 위성류, 다매화 등을 빈틈없이 심었고 수림 속에 좁다란 시냇물이 흐르도록 하였다. 후원은 언덕 위의 판판한 잔디 마당(동서 30m, 남북 8m)을 중심으로 그 위편과 아래편의 비탈면에 갖가지 나무를 심었다. 이곳에 심어진 나무는 우리나라의 양생종 38종과 일본종 37종, 중국종 26종, 기타 13종으로 모두 117종에 이르나 그 수로 본다면 일본종이 단연 우세하다.

목포의 상징인 유달산을 오르면 노적봉을 만나게 된다. 임진왜란 때 이순신 장군이 이 봉을 짚으로 엮은 이엉으로 둘러싸 놓았다는 전설 때문에 노적봉으로 불린다. 노적이란 곡식 가마니를 산처럼 쌓아 이엉으로 둘러싸 놓은 것을 말한다. 이순신 장군은 왜군에게, 우리 군량이 아주 많음을 과시하려 했던 것이다.

'노적봉'이란 말은 이난영의 노래비 '목포의 눈물' 속에 들어 있다. 일제강점기에 창작된 이 노래 가사 2절은 '삼백 년 원한 품은'으로 시작 된다. 바로 그 '원한'이란 말 때문에 당시 검열에 걸렸다고 한다. 그 '삼백 년 원한 품은 노적봉 밑에'라는 대목이 임진왜란을 떠올리게 한다는 것이었다.

음반 제작사와 작사가가 부랴부랴 '삼백 년 원앙 품은'이라고 고침으로써 겨우 통과될 수 있었다. 그렇지만 다음에 부를 때는 '원한 품은'으로 불렀다.

유달산 정상의 일등바위에 일제강점기의 일본 불교인들이 부조해 놓은 불상 하나와 승려의 초상 하나가 있다.

정상의 전망대 난간 너머의 일등바위에 새겨진 불상은 일본 밀교의 불상 중의 하나인 '부동명왕'이다. 그 불상은 악마를 항복시키기 위해 분노한 모습을 하고 있다. 한국의 불상은 위협적인 모습을 하고 있지만 어딘지 모르게 다사로운 느낌이 풍기는데, 일본 불상은 괴물처럼 험악한 표정을 짓고 있을 뿐이다. 그 불상과 좀 떨어진 바위 한 면에 일본 불교 진언종의 시조인 '홍법대사' 초상이 부조되어 있다.

시민들 가운데는, 그 일제의 잔재를 없애야 한다고 주장하는 사람들이 많다고 하는데, 시청 당국은 그러할 의사가 없다. 치욕의 역사 유물도 하나의 역사적인 유물이라는 견해를 가지고 있는 것이다. 나도 그것들을 철거하지 않는 것이 낫다는 생각이다. 그 일제가 조성한 불상과 승려의 초상은 동양척식주식회사 건물, 영사관 건물 따위와 더불어 훌륭한 역사 교육 현장이기 때문이다.

목포가 예향인 것은 목포를 뿌리로 해서 많은 예술인들이 태어났고, 그들의 활동이 화려하고 뛰어난 작품들이 풍성하다는 것이다.

화가인 김환기, 남농 허건, 소설가인 박화성, 희곡작가인 차범석, 시인 김지하와 최하림, 소설가 천승세, 평론가 김현, 무용가 이매방, 연극인 김성옥.

〈어디서 무엇이 되어 다시 만나랴〉, 〈창공을 나는 새〉로 널리 알려진 화가 김환기(1913~1974)는 전남 신안군 안좌면 읍동리에서 태어났다. 부친은 안좌면 일대의 대지주였다. 1933년 일본대학 예술학원 미술부에서 공부하고 귀국했고, 1952년 부산으로 피난 온 홍익대학에 미술과 교수로 재직했다. 부산 남포동 뉴서울 다방에서 개인전을 가졌고, 서울이 수복되자 성북동에 자리 잡았다. 1954년 미국공보원에서 개인전을 연 이후 파리 등 세계 각지에서 활발하게 활동을 했다. 대표 작품으로 〈산월〉, 〈달밤의 사슴〉, 〈영원의 노래〉, 〈달과 산〉, 〈달과 호수〉, 〈밤의 소리〉, 〈어디서 무엇이 되어 다시 만나랴〉 등이 있다.

〈어디서 무엇이 되어 다시 만나랴〉는 시인 김광섭의 시 〈저녁에〉에서 따온 한 구절이다.

한국화가 남농 허건(1908~1987)은 진도에서 나서 목포에서 활동했다. 조선시대 헌종 때 궁중 화가였으며 시와 글씨, 그림에 뛰어나 시·서·화 삼절이라 불리던 소치 허련의 손자이다. 소치의 화맥을 정통으로 이어받아, 남농 당대에 한국적 남종화의 세계를 독창적으로 개척함으로써 우리나라 화단에 불멸의 발자취를 남기었고, 후진 양성에도 힘을 기우려 중앙 화단에 중진 작가를 무수히 배출하였다. 갓바위 인근에 '남농기념관'이 있다.

그는 진도에서 말년을 보낸 할아버지 소치 허련을 추모하고 기리기 위하여 운림산방(雲林山房)을 복원했다. 진도군 의신면 사천리에 있는 그 운림산방 박물관에는 소치 허련의 4대(소치, 미산, 남농, 허진) 화가들의 작품들을 전시해 놓았다. 생가 앞에는 큰 연못이 있고, 그 안에는 섬 하나가 있는데, 거기에는 배롱나무 한 그루가 서 있고, 못에는 수련꽃들이 봄부터 가을 사이에 예쁜 꽃을 피워 올린다. 소치 허련은 초의 스님과 추사 김정희의 문하에서 그림을 배운 남종화가이다. 소치 허련은 한국 땅에 남종화를 있게 한 원뿌리인 셈이다.

소설가 박화성(1904~1988)은 개화기에 목포에서 태어났다. 개척자의 생애가 그러하듯, 외롭고 어려운 속에서도 끊임없는 도전과 정진으로 우리 문학사에 우뚝 선 선구자요, 선각자였다. 남성 위주의 사회에서 여성으로 15세에 소학교 선생으로 교단에 선 것을 비롯하여, 일본 여자 대학교 영문과에 입학한 최초의 한국 여성이었으며, 우리 문단에 등장한 최초의 본격적인 여성 작가였다. 장편소설을 집필한 최초의 여성 작가로 선구적 길을 걸었다. 박화성의 문학은 민족의 운명을 생각하면서 괴로움과 외로움을 일제에 대한 저항 의식으로 승화시켜 나갔다는 점을 높이 평가할 수 있다. 우리나라 근대 문학의 태동기인 1925년 문단에 등장한 이후 60여 년의 작가 생활을 통해 한국 문단의 대모로 칭송받는다. 많은 역작과 그의 족적은 우리가 지키고 기려야 할 소중한 문화유산이라고 평가되고 있다. 목포문학관에 그를 기리는 자리가 마련되어 있다.

목포 문학관에는 차범석관이 마련되어 있다. 차범석(1924~2006)은 목포 출신으로 현대연극의 주역 노릇을 했다. 철저한 리얼리즘 신봉자인 그는 한국전쟁을 소재로 한 작품, 전후의 사회적 혼란 개인의 좌절들을 그렸고, 대표작은 〈산불〉, 〈껍질이 깨지는 아픔이 없이는〉, 〈환상여행〉 들이다. 예술원상, 동락연극상 등을 받았다.

목포에서 태어난 김지하(1941~) 시인에게는 시인, 사회운동가, 사상가 등의 여러 가지의 수식어가 따라다니고 있다. 60년대 말부터 유신 독재 시절을 지나 80년대를 거쳐 새 세기를 맞이하는 동안 그가 펼쳐 온 사상과 행동반경은 광대하고 깊고 높고 그윽하다. 유신 독재에 온몸으로 맞서 사형선고까지 받았고, 이후 80년대에는 동학과 증산 사상을 중심으로 생명 사상을 펼쳤다. 대표 작품은 〈황토〉, 〈오적(五賊)〉, 〈대설(大說)〉, 〈남녘 땅 뱃노래〉, 〈타는 목마름으로〉, 〈검은 산 하얀 산〉, 〈애린〉, 〈별밭을 우러르며〉, 〈타는 목마름에서 생명의 바다로〉, 〈생명〉, 〈모로 누운 돌부처〉 등이다.

문학 평론가 김현(1942~1994)은 본명이 김광남인데, 진도에서 나서 목포에서 성장했다. 김현은 김지하, 최하림 등과 함께 목포 오거리에서 문학적 감수성을 익혀 나갔으며, 서울대 불문학과 재학 시절에 문단에 등단했다. 김현의 등장은 60년대 중반 우리나라 비평계가 활발하게 움직이는 계기가 되었다. 70년대 들어 김현은 김병익, 김주연, 김치수 등과 함께 계간 문학잡지 〈문학과 지성〉을 창간했다. 김현이 참여했던 〈문학과 지성〉지는 70년대 평단에 적잖은 충격을 던져 주었는데, 시인 황지우는 "내 개인적인 예감으로는 김현은 아마도 우리의 근대 문학에서, 그의 생존 시기를 전후로 1세기에 하나 있을까 말까 하는 비평가가 아닐까 생각한다"라고 말하고 있다. 그의 문학비가 목포문학관 아래 공원에 있고 목포문학관 안에 김현관이 마련되어 있다.

최하림(1939~2010)은 목포에서 태어난 시인이다. 본명이 최호남인데, 1964년 〈조선일보〉 신춘문예에 〈빈약한 올훼의 초상〉이 당선되어 문단에 등단하였다. 시집으로 《우리들을 위하여》, 《작은 마을에서》, 《겨울꽃》, 《겨울 깊은 물소리》, 《침묵의 빛》, 《속이 보이는 심연으로》, 《굴참나무 숲에서 아이들이 온다》, 《겨울 깊은 물소리》, 《풍경 뒤의 풍경》 등이 있다. 그는 1960년대 이래 우리 사회를 조여 왔던 권위적 체제에서 격렬한 어조로 자유를 향한 의지를 노래한 시인이다.

그의 시는 참된 삶이 있는 곳을 향해 나아가는 모습을 담는데, 그 행위는 저항 의지의 형상으로 드러난다. 그가 남기고 간 〈아침 시〉가 생각난다. 풋풋한 생명력과 자유의 향기로 가득 찬 그의 시.

굴참나무는 공중으로 솟아오른다
해만 뜨면 솟아오르는 일을 한다
늘 새롭게 솟아오르므로 우리는
굴참나무가 새로운 줄을 모른다
굴참나무는 아침 일찍 눈을 뜨고
일어나자마자 대문을 열고 안 보이는
나라로 간다 네거리 지나고 시장통과

철길을 건너 천관산 입구에 이르면
굴참나무의 마음은 벌써 달 떠올라
해의 심장을 쫓는 예감에 싸인다
(중략)
아이들의 길과 영토는 하늘에 있다
그곳에서는 새들과 무리지어 비행할
수 있다 그들은 종다리처럼 혹은
꽁치 붉은 비둘기처럼 이 가지에서
저 가지로 포르릉포르릉 날며 흘러
내리는 햇빛을 굴참나무처럼 느낄 수 있다

천승세(1939~)도 목포가 낳은 소설가이다. 희곡 〈만선〉을 쓰기도 한 그의 대표 작품은 〈황구의 비명〉으로 알려져 있다. 오래전에 서울을 버리고 지금 목포를 지키고 있다. 그의 작품들은 리얼리즘의 전범이라고 할 수 있으며, 순수문학적이면서도 저항 의지를 내포하고 있다. 소설가 박화성의 아들이다.

고전무용가 이매방(1927~)은 목포에서 나고 자랐다. 호남 예술의 거장으로 일컬어지는 우봉 이매방은 어린 시절 그의 집에 목포의 권번장인 함국향이라는 기생이 세 들어 살아 자연스럽게 춤을 배우기 시작했다. 일곱 살부터 6년간을 권번 기생들 틈에 끼여 입춤 등 전통 춤의 기본을 깨쳤다. 집안에는 가무를 즐기는 부모가 있었고, 할아버지인 이대조는 권번에서 기생들을 가르치는 선생이었다. 그는 판소리 명창 임방울과 인연을 맺어 전국을 누비며 춤판을 벌였다. 중요무형문화재 제97호 '살풀이춤'과 제27호 '승무' 예능 보유자가 됐다. 여성적인 미를 기반으로 한 춤을 추는 그는 젊은 시절 중국 베이징에서 만난 미남 경극 배우 매란방의 이름을 따 '매방'이란 예명을 쓰기 시작했다. 그는 "한국 춤을 한마디로 표현하자면 '정중동'이야. 여자 같은 요염함과 애절함, 슬픔과 원통함이 정(靜)이고, 남성적인 박력을 통해 발산하는 것은 동(動)이지"라고 말한다. 한국 무용계를 이끌어 가는 대가들 중 상당수가 그의 춤을 전수받은 제자들이다.

목포의 인물 가운데서는 성옥 이훈동(1917~2010)을 이야기하지 않을 수 없다. 조선내화주식회사를 창업한 그는 성옥문화재단을 설립하여 많은 학생들에게 장학금을 주어 왔다. 그는 광주에 〈전남일보〉를 창간하여 언론 창달에도 힘을 기울였다. 포항제철과 광양제철을 비롯하여 모든 철광업계, 모든 도자기업계에서는 조선내화의 벽돌을 사용하지 않을 수 없다.

목포라는 항구도시를 먹이고 키운 것은 신안의 모든 섬들이다. 신안 사람들은 자기들의 섬에서 나는 해산물과 농산물들을 목포의 상회에 내다 팔고, 자식들을 모두 목포에 있는 학교로 유학을 보낸다. 자기들이 번 돈을 모두 목포에 바치는 것이다.

예로부터 신안의 섬들은 중앙정부에서 보낸 많은 유배객들이 머무는 곳이었다. 그 영향으로 신안의 섬사람들은 일찍이 개화되었다. 그리하여 큰 인물들이 많이 나왔다.

일제강점기 속에서 신안의 섬들에서는 일제에 대한 저항 운동이 아주 빈번하게 일어났다.

김대중 대통령의 고향인 하의도에서의 농민운동은 300년 전의 선조 임금 때부터 시작되었다. 선조는 정명공주의 불치병을 치료해 준 홍계원을 부마로 삼고 하의3도(하의도, 상태도, 하태도)를 그에게 주었다. 그런데 홍계원의 사후, 세금을 거둘 수 있는 기간이 끝났음에도 불구하고 홍계원의 후손들이 세금을 계속 강제로 징수해 가자, 하의3도 사람들은 윤세민, 김호건 등을 한양으로 보내 임금에게 직소하게 했다. 그 뒤 1908년 일제가 궁실 재산을 조사할 때, 홍계원의 후손들은 일본인들과 결탁하여 하의3도의 땅을 자기들의 것으로 신고를 한 다음, 소작료를 강제로 거두었다.

하의3도 사람들은 홍씨 쪽의 수하 사람들에게 폭행을 당하며 소송을 제기해 승소했다. 그러자 홍씨 쪽은 그 토지들을 다른 일본인에게 팔아넘겼다. 오사카에 가 있는 하의3도 사람들은 농민 조합을 결성하고 소유권 투쟁을 벌이다가 광복을 맞아 즐거워했다.

그런데 뜻밖에 1946년 신한공사가 소작료를 요구하고 나섰다. 하의3도 사람들은 하의 지서를 파괴하며 투쟁을 했고, 경찰의 발포로 많은 사상자가 났다. (이때의 일로 인해 김대중 대통령은 정적들로 인하여 좌파라는 공격을 평생토록 받았다) 1949년 국회 진상 조사 끝에 유상 반환 결의안이 국회를 통과함으로써 330년에 걸친 농민 저항은 끝이 났다.

남쪽의 대한민국과 북쪽의 조선인민공화국으로 분단되어 있는 한반도의 긴장을 완화시키고, 통일 쪽으로 큰 걸음을 내디디게 한 공적으로 노벨 평화상을 받은 김대중 대통령은 그 하의3도 저항 세력의 후손인 것이다. 하의도에서 태어난 김대중 대통령이 목포에서 학교엘 다니고 정치 활동을 했듯 하의도의 거의 모든 젊은이들은 목포에서 성장하고 더 큰 세상으로 나아간다.

전국의 항일 투쟁의 중심지 가운데 하나가 소안도이다. 그곳 출신인 강정태(1894~?)는 당시 소안도에 조직되어 있던 항일 단체 배달청년회 대표로 전 조선청년당대회에 참석했다. 그는 소안학교 교사로 재직하며 항일운동을 벌인 독립운동 지사이다. 1927년 일본 당국이 소안학교를 사립학교령 위반 혐의로 폐쇄하자 그는 항의하다가 옥고를 치렀다. 소안도는 수많은 국가 서훈자를 배출한 곳이다.

암태도 소작인들은 1923년 한 해 동안, 일제강점기 경찰의 총칼 아래에서, 지주의 부당한 수탈에 맞서 항거하여 성공을 거두었다.

그와 같이 신안의 모든 섬사람들은 깨어 있었다. 그 까닭이 무엇일까.

1894년 동학농민군은 도탄에 빠진 백성들과 풍전등화 같은 나라를 구하겠다고 일어섰다. 당시 나라는 벼슬아치들의 수탈과 부정부패로 병들었고, 거기다가 일본을 비롯한 중국, 미국, 프랑스, 러시아 등의 외국 세력이 집어 삼키려 하고 있었다. 이에 동학 민중들은 보국안민과 척양척외를 외치며 봉기했다. 전주성을 접수한 동학농민군들은 세상을 바꾸겠다고 서울을 향해 진격하다가 공주 우금치에서 일본군들의 기총소사로 많은 희생자를 내고 남으로 밀렸다. 살아남은 동학군들은 재기를 위해 장흥에 집결하여 강진성과 전라병영을 접수하고, 동학농민군 지도자 전봉준이 잡혀 있는 나주로 진격하려다가 다시 일본군들의 기총소사로 인해 잡혀 죽거나 도망을 쳤다. 나는 그들 가운데서 살아남은 동학 세력 일부는 신안의 깊은 섬으로 들어가 숨어 살지 않았을까, 하고 생각한다. 하의도나 소안도나 암태도의 저항 세력들은 그 동학농민군의 후손 아닐까.

어쨌거나, 담양과 장성에서부터 흘러온 영산강은 목포 앞바다에 와서 짐을 풀었다. 목포 바다는 영산강의 어머니 바다(모해(母海))이다.

강은 순환하는 넋이다. 우주의 수많은 별들 가운데 오직 물을 가지고 있는 별은 지구뿐이다. 지구를 보듬고 도는 달은 지구의 물과 더불어 밀고 당기는 사랑을 하는데, 그 사랑의 과정이 밀물과 썰물이다.

바다는 증기를 뿜고, 증기는 구름이 되어 떠돌다가 대지와 산에 비를 뿌리고, 비는 지하수가 되었다가 샘으로 흘러나와 강으로 들어간다. 강은 자기의 어머니인 바다로 흘러든다.

2만 5,000분의 1 지도를 펼쳐 놓고 보면, 영산강 줄기는 겨울철의 나목이 된 거대한 노거수의 모양새와 같다. 목포 앞바다에 뿌리를 박은 영산강이라는 노거수는 굵은 줄기 끝에 자잘한 가지를 전라남도 서남 서북권의 무안, 함평, 영암, 나주, 장성, 화순, 광주, 담양을 향해 뻗고 있다.

한반도의 서해와 남해를 가르는 '목'에 위치해 있는 목포는 밖에 두르고 있는 신안의 무수한 섬들과 해남의 끝자락이 외해의 거친 파도를 막아 주는, 이 세상에서 가장 조용한 항구이다.

영산강물은 목포 앞바다 속에 들어가지만, 나는 영산강물이라는 자궁심을 버리지 않고 세계 각처의 바다 속으로 출렁거리며 흘러 뻗어갈 것이다.

《벽암록》에 '꽃 한 송이 피어나니 세계가 일어난다(一花開世界起)'는 말이 있다. 영산강 물줄기가 섞여 있는 바다 한 자락이 출렁거리면 모든 세계 바다가 출렁거릴 것이다. 영산강이 싣고 와서 풀어 놓은 에너지는 세계를 향해 줄기차게 뻗어 갈 것이다.

목포 앞바다의 전경.
영산강 물줄기가 섞여 있는 바다 한 자락이 출렁거리면
모든 세계 바다가 출렁거릴 것이다.

작가의 말

강은 도란도란 이야기하며, 바이올린처럼 노래하며 흐른다

　내 고향 남도 산하의 젖줄 영산강, 당신의 삶의 고가 잘 풀리지 않거나 삶이 허무하다 싶으면 담양의 가막골 시원 용소에서부터 이 강을 따라 목포 앞바다까지 흘러가면서 볼 일이다.

　내가 이 책을 쓴 목적은 영산강 유역의 인문학적인 탐사이다. 하나의 강 앞에 서면 작가라는 사람도, 그 강 위를 흘러갔거나 지금 흐르고 있는 역사도 하나하나의 풍경이다.
　나는 이 글을 오래 전부터 쓰고 싶었으므로, 김영사가 집필을 의뢰하기 이전에 이미 모든 영산강 유역의 인문학적인 자료 조사를 하고, 대략적인 현지답사를 해 놓고 있는 터였다. 외래 민족의 침탈, 이 땅 관리들의 착취, 수탈, 그로 인한 토착 서민들의 저항의 역사, 노령산맥 이남의 굽이굽이에서 태어난 고귀한 인물들의 삶은 한데 어우러져, 하나의 장엄한 교향곡, 한 편의 위대한 서사시가 된다. 나는 이 땅에서 나고 자란 사람으로서 우리의 위대한 가람, 영산강에 헌사를 한다는 사명감을 가지고, 20여 일 동안 비지땀을 흘리면서 자동차와 도보로써 종합적인 재탐사를 한 다음 써 내렸다.

 지도를 펼쳐 놓고 영산강을 보면, 한 겨울철의 잎사귀 모두 잃어버린 노거수 같다. 어머니 바다(母海)인 목포만에 뿌리를 묻은 그 노거수는 무안 땅, 함평 땅, 영암 땅, 나주 땅, 광주 땅, 장성 땅, 담양 땅으로 굵은 줄기들과 무수한 가는 줄기들을 뻗고 있다. 그 가지들 사이사이에 내가 읽은 이런저런 인문학적인 사건들과 혁혁한 인물들과 신화와 전설들이 주저리주저리 열리어 있다.
 그 지도를 거꾸로 놓고 보면, 영산강은 담양, 장성, 광주, 나주, 영암, 함평, 무안에 실뿌리와 굵은 뿌리를 뻗은 채 목포 앞바다로 굵은 줄기를 치켜든 거대한 나무 같다. 강이 나뭇가지로도 보이고 뿌리로도 보인다는 것은 무엇인가. 우주의 모든 형상들은 닮는다는 것이다.

 영산강은 이 땅 사람들의 자존심과 자긍심의 한 표상이다. 이 강의 유역을 탐사하면서 많은 공부, 많은 생각을 했고, 많은 것들을 깨달았다. 지금의 영산강은 우리가 누대에 걸쳐 살아왔고 현재 살고 있는 영욕의 문명과 문화의 가시적인 모양새이다.
 내 고향 남도 산하의 젖줄 영산강, 당신의 삶의 고가 잘 풀리지 않거나 삶이 허무하다 싶으면 담양의 시원에서부터 이 강을 따라 목포 앞바다까지 흘러가면서 강에게서 이런 저런 이야기를 들어 볼 일이다.

이 책을 쓰기 위하여 강의 굽이굽이의 역사 현장을 탐사하는 나를 도와 준 모든 사람들과 사진을 첨부해 준 권태균 작가와 이 책을 예쁘게 만들어 준 김영사와 이 강의 이야기에 관심을 가져 준 독자들에게 감사한다.

2012년 5월
해산토굴에서 한승원

참고 자료

《노자》	노자 지음	삼성출판사
《장자》	장자 지음	삼성출판사
《동사열전》	범해 지음	광제원
《신동국여지승람》		
《한국민족대백과사전》		
《백호전집》	백호 지음 / 임형택 옮김	창비
《무등산》	박선홍 지음	전남매일 출판사
《남도의 향기》	전라남도	
《천년의 비밀 운주사》	최홍 지음	바보새
《호남정신의 뿌리》	김세곤 지음	온새미로
《부용산》	박기동 지음	남도문화관광진흥센터
《강으로 그린 풍경》	한혜경 지음	수목원
《보림사》	최인선 · 김희태 · 양기수 지음	학연문화사
《영산강》	신정일 지음	창해
《영산강 삼백오십리》	김경수 지음	향지사
《예기》		홍성신서
《면앙정 감십영》	김인후 외 지음	담양문화원

《누정》	김신중 외 지음	담양문화원
《가사》	김신중·박영주 외 지음	담양문화원
《영암의 문화유산》		영암군
《영산강문화권》	국민대학교 사학과 지음	역사공간
《명문가 이야기》	조용헌 지음	푸른역사
《화순군의 문화유적》	화순군	
《월출동이영암》	성균관청년유도회 영암지부	
《박용철의 예술과 삶》	김용직 외 지음	광산문화원
《나의 도시 당신의 풍경》	한승원 외 지음	문학동네
《문화재도록 나주》	나주시	
《월출산 도갑사》	도갑사	
《아름다운 영암》	영암문화원	
《시방 여그가 그 꽃자리여》	한승원 지음	김영사
《다산 시 전집》	정약용 지음 / 박석무·정해렴 옮김	현대실학사
《물과 꿈》	바슐라르 지음	문예출판사
《택리지》	이중환 지음	현대출판
《다시 쓰는 택리지》	신정일 지음	휴머니스트
《한국의 자생 풍수》	최창조 지음	민음사

강은 이야기하며 흐른다